人物叢書

新装版

明恵

みょう　え

田中久夫

日本歴史学会編集

吉川弘文館

明恵樹上坐禅像

（国宝）（高山寺蔵　恵日房成忍筆）

高山寺楞伽山中
繩床樹定心石
擬₂凡僧坐禅之影₁
写₂愚形₁安₂禅堂壁₁
禅念沙門高弁

『夢之記』（承久二年の条の部分）

（高山寺所蔵）

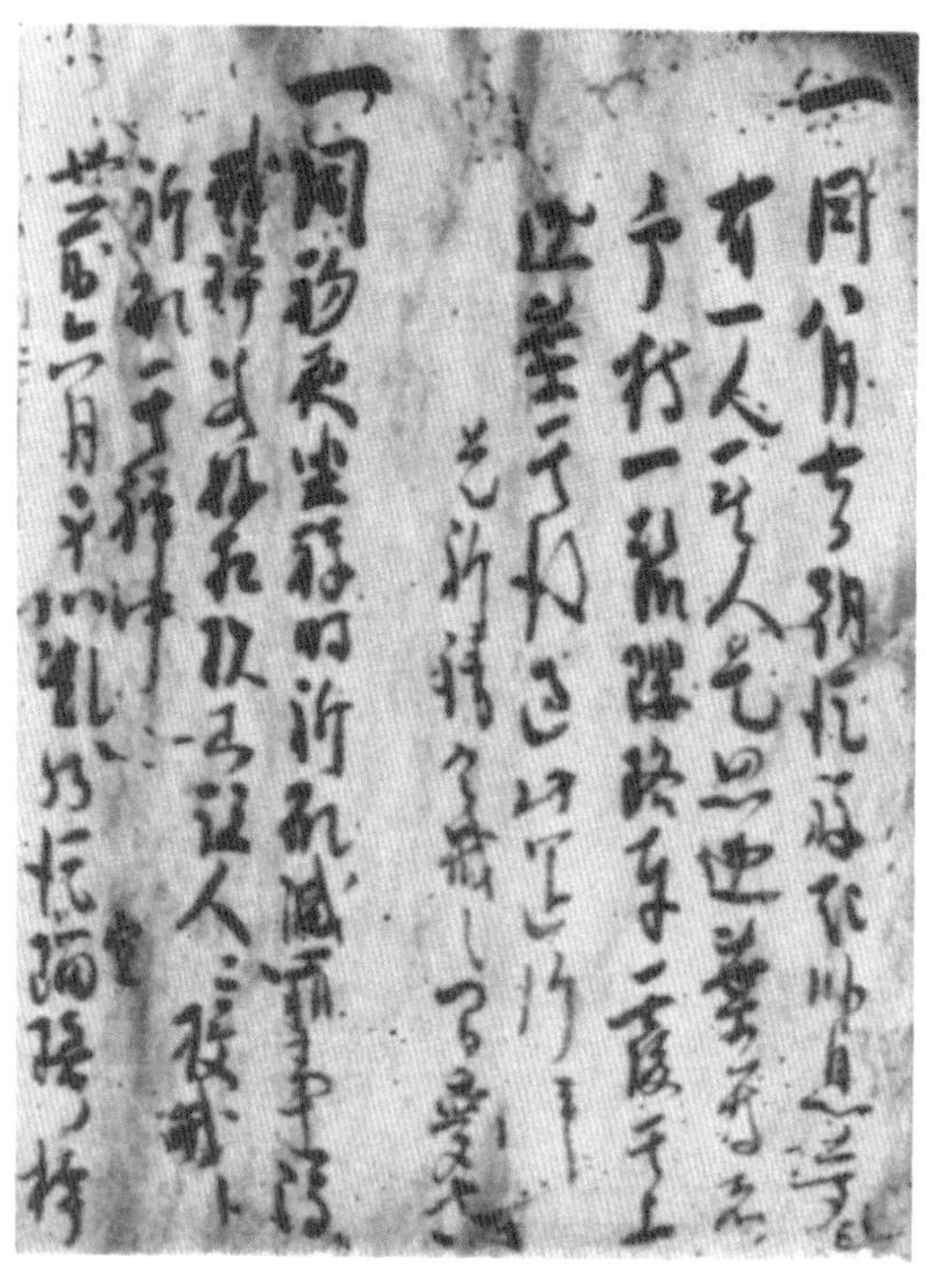

一同八月七日朝、従ㇾ禅起臥息夢云、有ニ一人聖人ㇾ是思ニ迦葉尊者ㇾ。予持ニ一聚瓔珞ㇾ、奉ㇾ覆ニ其上。迦葉其後過ㇾ此還御云々。

是祈ニ請具戒ㇾ之間夢也云々。

一同初夜坐禅時、祈ニ願滅罪事ㇾ得ニ戒躰ㇾ。若好相現者、諸人ニ授戒ト祈願。其禅中

如ニ前六月ㇾ身心凝然、従ㇾ空瑠璃ノ棹

（仏光観を修し、兜率天に至ると覚えたという夢を見たところ。本文一二六ページ参照）

森景基寄進状明恵外題

（施無畏寺所蔵）

深依㆑奉㆑随㆓喜大願㆒、領㆓掌此事㆒。即為㆓本堂（形）供養㆒下向之次、所㆑加㆓判行㆒也。
寛喜三年四月十七日奉㆑供㆓養之㆒。
沙門高弁
（花押）

（本文一七六ページ参照）

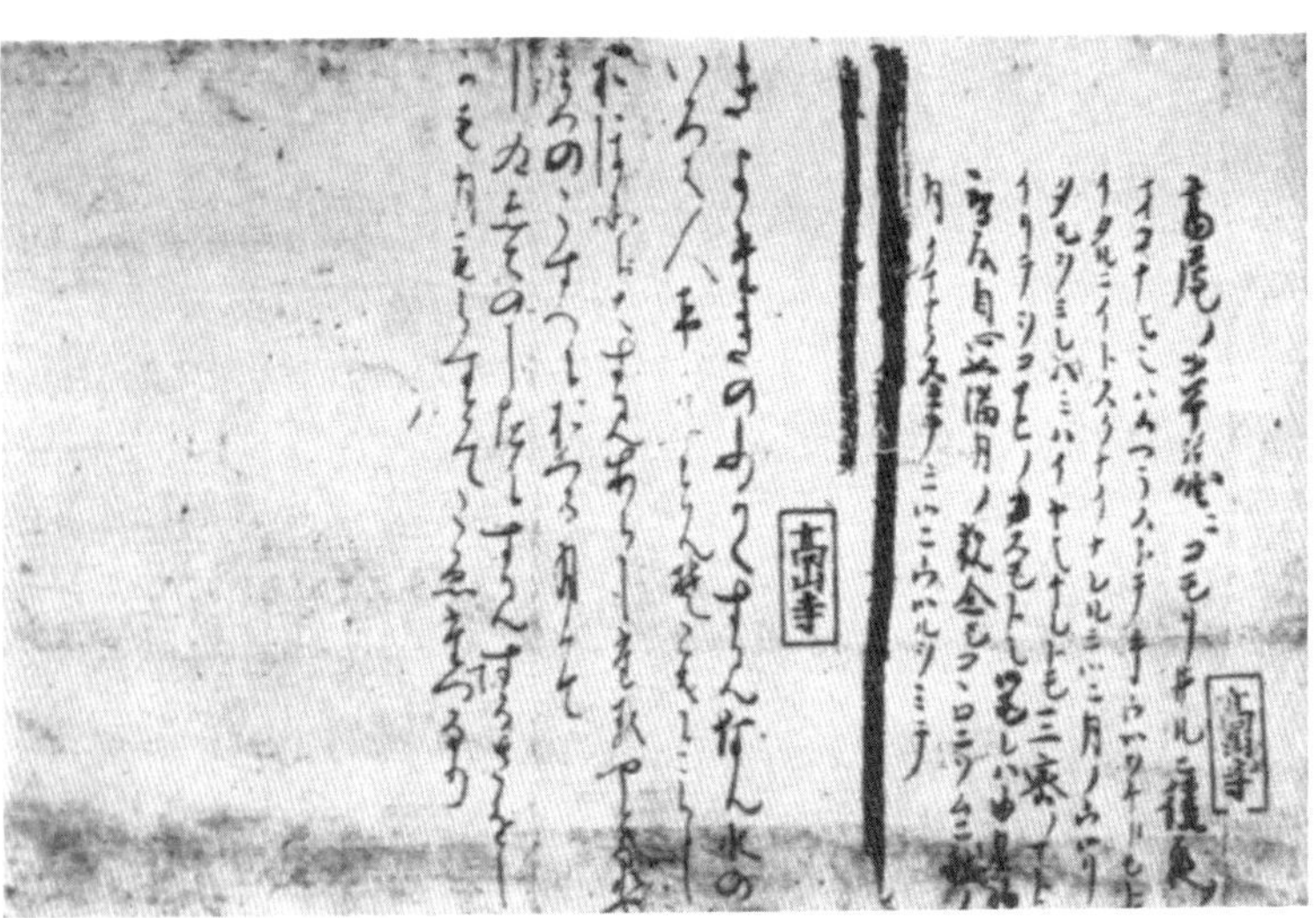

明恵自筆墨消和歌 （高山寺所蔵）

高尾ノ草菴ニコモリヰルニ、後夜ノオコナヒシハムヘラムトテ手ウツヲケノモトニイタルニ、イトスクナクナレルミツニ月ノウツリタルヲミレハ、ミハイヤシケレトモ三密ノマトニイリテヲコナヒノカスモトシツモレハ、由具福智故自心如満月ノ観念モコ、ロニソムニ、秋ノ月クマナクスミテミツニウツルヲミテ、

（この一首塗抹）

「アキノ月コ、ロノ月モスミユケハワキソカネツルミツノヲモカケ」

きよたきのふかくすみなん水のいろは人けがすともそこはにごらじ

おほぞらはすみあらしたるやどなれやまつのこずへにおつる月かげ

しゐしばのしたにすみするさをしかも月もらずとてこゑたてつなり

はしがき

一、明恵房高弁（初名成弁）は、貞永元年（一二三二）に六十歳でなくなっているから、凡そどういう時代に生きたかは、おのずから考えられよう。平家のほろびた文治元年には十三歳で、高雄の神護寺にあって、密教の行法に精を出していたのである。そして承久の乱は、その四十九歳の時で、栂尾に在った。その後十一年で生涯を終ったが、その年には『貞永式目』がつくられる。その生涯は、どういう政治的・社会的状況のうちにおくられたものかは、あらためていうまでもないと思う。逆にいえば、そういう政治的・社会経済的事情をもふくんだ時代のすべてが、明恵の一々の行実のうえにあらわれているはずである。ただ、それがはっきり見える眼をもたないのは残念である。

明恵の生れたのは、紀州の平家家人（けにん）の家である。母の家は、同じ地方で、源平合戦の後も源氏の家人として勢力をたもち、更にその家を発展させ得たのである。明恵の生涯は、この母方の源氏家人の一族と深い関係にあったというべきである。

明恵は幼少の時に、密教の教団に入り、その後、南都の華厳の伝統をうけたのである。母方の叔父が居た関係から、神護寺に入ったもので、そこに自身の主体的な意志があったとは考えられない。かような事情で、現在の概説書などでは、鎌倉時代の文化のうち、いわゆる旧仏教の復活という部分において、その活動が語られることになったのである。このように南都系仏教の代表者のひとりとして知られているが、もし同年の親鸞と同じく、明恵が比叡山にのぼっていたら、どうなったであろうか。その活動は、いわゆる新仏教の一部として語られたかもしれない。

明恵は、いわゆる遁世（とんせい）の聖（ひじり）の立場をとり、僧官・僧位をうけなかったけれども、その晩年には、朝廷・貴族の帰依をうけることが多かったといえるであろう。それは、かの新仏教の代表者の法然房源空が、授戒の聖として九条家におもむいたことと相似たところもあろう。しかし、法然のように、教団の首領として多くの人々をあつめることはなかった。菩薩の気持をもって衆生を思うことはつよく、俗人の信者に熱心に教えを説いたが、ひとつの教えをもって教団をつくろうなどという考えはなかった。いくらかのまじめな同行（どうぎょう）とともに、仏法を行（ぎょう）ずることによって、仏菩薩の恩にこたえ、衆生を救うことになると信じたのであろう。

明恵の時代についての感覚は、釈迦の在世におくれたという劣報（れっぽう）の意識が中心であろうから、その点では浄土門系統の末法観に近いとも見られるが、だからといって、末法の時代では、もう念仏でなければだめであるなどとはいわず、反対に少しでも聖教（しょうぎょう）のこころを身につけたいとはげむ、積極的な態度をとった。この点では、宋朝風の禅をとり入れて仏教を再興しようとした人々にも通じるものがある。

明恵の態度は実践的であり、最も信をおもんじたのである。同じ信といっても、浄土門の場合とは違うという議論もなりたち得るであろうが、教えを何とかして身につけようと努力して行く態度としては、一応共通のものを見出し得ると思う。この点では、いわゆる新仏教と通じるもので、この見地からすれば、新仏教とか旧仏教とかいう区別は、必ずしも適当でない。鎌倉時代の前半の宗教の世界では、その信を根本とする点が最も大きい流れであろうが、その主潮を最も純粋に代表するひとりといえると信ずる。その生涯は、仏道を行ずることをつらぬいた一すじの道であったのである。

一、本書は、明恵の行実を、年を追って具体的に詳しくのべようとしたものである。何処に居り、どんな事をやったか、ということを、小伝として許される限りにおいて詳しく、できるだけ確実性の多い史料に即してあとづけようとしたものである。

一、その史料としては、明恵が書写・校合(きょうごう)し、弟子が明恵の講義を聞いたということを物語る聖教の奥書を根本のよりどころとした。その聖教は、多く栂尾高山寺(こうさんじ)の所蔵のものであるから、同寺の聖教については、一々そのむねをしるさなかった。またそれらのうち、原本を拝見したものもあるが、聖教目録によったものが多い。同寺の聖教目録で、奥書を記録したものに、次の二つがある。

㈠『法鼓臺聖教目録』

大正八・九年に、高楠順次郎・中野義照・塚原順英・蓮沢浄淳・戸部隆吉・逸見梅栄・橋本進吉・長谷部隆諦・大屋徳城の諸氏により編纂されたもの。(『昭和法宝目録』に収めてある同じ名の書は、寛永年間の目録で、奥書はない。)『大日本史料』には、おもにこの目録によって引用してある。

㈡『高山寺聖経目録』

昭和二十九・三十年に、文化財保護委員会美術工芸課の田山方南・是沢恭三・近藤喜博・財津永次の諸氏により編纂されたもの。現在の栂尾宝蔵の聖教をほとんど網羅して調査してある。

これら聖教奥書のうち、明恵関係の分は、村上素道・中野達慧両氏の著（参考文献参照）及び『大日本史料』に引用されているものが多い（三者のすべてに引かれているものが多いが、その一・二にのみ見えているものもある。）。そこで『大日本史料』に引用されているものは、書名の右傍に＊をつけておいた（＊のみで別に注記しないものは、五編之七の明恵の伝記の項に引かれているものである。）。以上の目録及び著書の恩恵をうけることが甚だ大きかったのであり、それらの編纂者・著者に深い感謝をささげる。

一、本書の性質上、史料の漢文体のものは、仮名交りに書きくだしにし、一々そのことをことわらなかった。但し、仮名文のものと共に、歴史的仮名遣いによった。

一、引用の史料の名称は、次のように略称によったものがある。

行状　高山寺明恵上人行状（『大日本史料』には『行状記』と題する）

漢文行状　（漢文）高山寺明恵上人行状

縁起　高山寺縁起

伝記　梅尾明恵上人伝記

和歌集　　明恵上人和歌集
夢記　　明恵上人夢之記

一、栂尾高山寺をはじめ、東京大学史料編纂所・宮内庁書陵部・慶応義塾図書館・金沢文庫・静嘉堂文庫・大倉精神文化研究所・大東急記念文庫・御茶之水図書館などの蔵書を閲覧させていただき、本書に利用させていただいた。記して深謝の意を表する。また、高山寺の小川義章師をはじめ、御後援、お教えいただいた有縁（うえん）の方々の御好意に対し厚く御礼申上げる。そして、御好意にも拘らず、たどたどしい小伝しかできなかったことをおわびすると共に、今後さらにお教えいただきたいと思う次第である。

昭和三十五年十一月

田中久夫

目次

口絵

挿図

一　幼少時代

明恵の父母

明恵の父は平重国という高倉院の武者所に仕えていた武士であった。本姓は伊勢の伊藤党の出身で藤原氏（秀郷流）であったが、養子となり姓を改めたという。祖父は平宗国と伝えられている（禅浄房の記『上人之事』による。施無畏寺蔵『明恵上人譜』には重家と見えている。巻末系譜参照）。祖父のころからは、紀伊国（和歌山県）有田郡の石垣庄に本拠をもっていたのであろう。母は、湯浅宗重の女である（施無畏寺蔵『湯浅保田系図』には五女とあるけれども、湯浅系図の諸本で違いがある）。平治元年十二月、平清盛が熊野詣（くまのもうで）に一族をひきいて向った。その隙に信頼が義朝と共に信西を討ち、その報は紀州の田辺の宿の清盛のもとに達したが、清盛は侍もわずかで武具もととのわぬので、直ちに京都にひきかえそうにもできかねていたところ、湯浅宗重が三十七騎をひきいて参加し、熊野の別当の湛快（たんかい）からは鎧（よろい）をおくられることもあり、直ちに上洛

湯浅宗重

し、やがて信頼・義朝を破ることになる。このことは『愚管抄』に見えており、そこには「その子は文覚の一具の上覚と云ひじりぞや」と、のちに明恵の師となった叔父の名まで見えている。この宗重には多くの子女があり、姻戚関係の家々をふくめ、湯浅党として次第に有田郡一帯に勢力をもつようになったことは、『崎山文書』と『高野山文書』の阿弖川庄関係文書等によって知られ、安田元久氏の研究がある（同氏著『初期封建制の構成』昭和二五刊）。宗重は、この後平氏の家人として有力な一人であったが、その後の源平合戦にあたっては、伊豆国において頼朝に文覚が親しく語り合っていたし、上覚も文覚と共に伊豆に流されていたので（『愚管抄』五）、上覚も頼朝と識り合っていたであろうから、その由縁によって、頼朝と交渉をもち、所領の安全をはかろうとしたらしい。『崎山文書』の元暦元年（一一八四）に頼朝が上京中の義経へあてた消息には、湯浅入道について他人が何といおうと、文覚との関係があるから、所領を安堵してやり召使うようにすべきであるとすすめている。『平家物語』では、文治元年、重盛の末子忠房を守り、一時は源氏に対抗したが、その十二月には、源氏に降り（安田氏前掲書）、翌二年五月、本領が安堵された（『崎山文書』）。この源平両氏の転換期にあたり、よくその所領を保つことができたのは、頼朝と文覚―上覚の線によるところが多いと思われるけれども、宗重その人が、政局の行く末についての見通しをもっていたことも考えられる。その人柄を考える史料として、いくらか役立つ話をつけ加えておきたい。それは、明恵が晩年に講義をした折に、たまたまこの宗重入道の言葉を引用したのが、その聞書（ききがき）に見えているのである。その宗重の言葉は、「法師には親近なせそ、ただのきてあつかひてあれ、心にたがへば天狗（てんぐ）になるが、むざう（無慙）なる」というのである（『光明真言句義釈聴集記』）。即ち、僧侶に対しては距離をもって対した方がいい、あまり大切にしすぎ、こちらの心に合わぬようになると、天狗になるのが哀れである、という意味であろうか。ともかくも、一人の僧にひたすら帰依するというのとは、全く逆で、僧侶に対してこういう態度をとれるというのは、物事を冷静に考え、最も有利に処置して行ける現実主義的な性格の人だといえるであろう。そういう人であってこそ、動乱をすぎ、一族の発展を期待し得たのであろう。

誕生

父の重国は、京都の嵐山の法輪寺（虚空蔵を本尊とする）に詣で、子供をほしいと願い、また母は京都の四条坊門高倉の宿所（正治二年二月、明恵が四条の糸野兵衛殿宿所で書写した奥書があり（『明恵上人手鏡』）後にもその辺に一族の宿所があったらしい）において承安元（二の誤）年四月のころ妹の崎山の女房（即ち良貞の妻）と一緒にねていて、甘子を得た夢を見、妹は大甘子二つをもらい、途中でうばわれた夢を見、それから懐妊したという。その前に母は、六角堂（頂法寺）に、万度詣をし、一万巻の観音経をよみ、わが後生をたすけ、仏弟子として尊からん子を給わりたいと祈ったという。そして、承安三年（一一七三）癸巳正月八日、辰剋に紀州有田郡石垣庄内吉原村（金屋町大字歓喜寺。嘉禎二年喜海がたてた木卒都婆（そとば）を康永三年（一三四四）石に改めたものがあり、傍らに歓喜寺がある）で誕生した。母は、懐妊のときから、もし男子ならば高雄の薬師仏にまいらせて、仏弟子としたいと考えていたので、童名を

「薬師」といったが、後に「一郎」と改めたという（『行状』）。高雄の薬師仏は、神護寺の本尊として今も伝わり、延暦年間の作といわれる。この話では、生れる前から高雄に登るように運命づけられていたことになる。文覚が、高雄に入って、その荒廃したのを復興しようと志し、薬師仏を納める仮金堂をつくったのは、仁安三年（一一六八）で、承安三年（一一七三）後白河院の御所に乱入して荘園寄進を請うたので、この四月、流罪になった。明恵がうまれて間もなく、文覚・上覚らは伊豆に流されたのである。

生誕地（歓喜寺門前の土壇）

この写真をはじめ，白上・高山寺の遺蹟・遺物の写真は，景山春樹氏の御好意により提供していただいたものである。記して謝意を表する。（以下☆をつけたものは，同氏の提供のものである）

仏法を尊く思う

高雄の薬師仏
（日本の寺「神護寺・高山寺」より）

なお、明恵には姉妹があり、のちに法名を常円房といったことが知られる（『真聞集』『夢記』）。

その後、京都の四条坊門高倉の宿所で成長し、また紀州に下った（禅浄房の記『上人之事』）。二歳の時、乳母につれられて清水寺に参詣し、群集した人々が読経し礼拝しているのを見てよろこび、地主（じしゅ）の社の前で延年舞がおこなわれている方に乳母がつれて行ったので、前の方に行きたいと泣叫んだのが、仏法を尊くおぼえた最初であると後に明恵は語ったという。四歳の時、父が烏帽子をきせ、形がうつくしいから男にして大臣殿（小松内府平重盛）のもとにまいらせようといったので、うつくしくて法師になれないのならば、と考え、縁から落ちてみたり、火箸をやいて面をやこうと思い、まず試みに左の臂の下二寸のところにあててみ、その熱さに泣き出したこともあったという（『行状』）。また五―六歳のころ、僧侶がならんですわり食事をしている様子を見て、信仰の思いが深くおこったことがあり、その時の座敷の有様は、障子の破れたところまで、後になっても忘れない、と語ったという（『上人之事』）。幼少のころに、仏法を尊く思うようになっていたことが、よくうかがわれる。

父母の死

ところが、治承四年（一一八〇）正月八日に母がなくなった（『行状』には、治承四年の次年とするが上人八歳とあり、また『漢文行状』『上人之事』も四年とする）。そして、その年の九月には、父重国が、上総（千葉県）で戦死したのである。『吾妻鏡』によると、頼朝が伊豆（静岡県）から安房（千葉県）に渡り、千葉介常胤を招き、勢力をかためようとした時であり、常胤の子胤頼らが、平氏に属していた下総国の目代を討ったのが九月十三日である。重国が、どういう立場で上総に死んだのかを伝える確かな材料はない。しかし、この下総の目代と千葉氏との戦いと同じ頃に、上総の目代と源氏方の武士との合戦で死んだものかもしれないと思われる（野口実氏「源頼朝の房総半島経略過程について」『房総史学』二五）。この前年、即ち治承三年十一月に、清盛が後白河院の院政を停止したときに、地方官の更迭をおこなったが、そのうちに上総介藤原忠清が藤原為保に代って任ぜられており、この忠清は平家家人という（『玉葉』、菊池武雄氏「平氏受領表」日本史料集成所収）。治承四年九月に源氏方の武士のために敗死した上総の目代は、おそらくこの治承三年十一月の忠清が上総介となったのを期として上総に下向したものであろう。重国も、この目代に伴って下向したか（あるいは目代その人であったかもしれない）と想像されるのである。要するに、平氏の国衙を中心として勢力をかためようとした方策にもとづいて下向したけれども、地方武士の支持が得られず、それは成功しなかったのである。

崎山良貞に養わる

両親の死後、明恵は、母の妹の夫崎山良貞に養われた。崎山は有田川の下流で、吉備町大字井口のあたりといわれ（浜田康三郎氏『栂尾明恵上人』）、明恵のうまれた吉原から、有田川に沿ってくだると、糸野・藤並を経て、その下流の田殿庄に属し、更に宮原・糸我(いとが)をすぎて、保田(やすだ)庄となる（五十五ページの地図参照）。その有田川流域と、湯浅氏の本拠とされる湯浅庄とは、二百メートル程度の山にへだてられている。これらの地方とそこに勢力をもっていた湯浅党に、明恵は、その一生を通じて深い関係をもっていたのである。

二　高雄における修学

神護寺に入る

九歳というから養和元年（一一八一）である。その八月に高雄に登ったと伝えられている（『行状』）。前年正月に母にわかれ、九月には父にもわかれた少年を養育していた崎山家としても、上覚房行慈に託すことが、自然であったのであろう。

上覚房行慈

行慈は、湯浅宗重の子（『行状』の文治四年出家の条に「舅上覚上人」とある。舅は母の兄弟をいう。『愚管抄』五）、密教は勧修寺（かじゅうじ）の興然より伝え（『血脈類聚記』）、文覚とはこの頃も深い関係にあったと考えられる（浜田康三郎氏「上覚上人」。田井啓吾氏「神護寺文書について」『史林』二五ノ一参照。承安三年の伊豆への文覚の流罪に同行したことは、行慈書状（『神護寺文書』五）、『愚管抄』五に見える）。嘉禄二年（一二二六）十月十九日八十歳で寂した（中野達慧氏が仁和寺過去帳によっていうところによる）というから、この年には三十五歳で明恵よりは二十六の年長であった。

文覚

行慈が、身命をかけて随従した文覚は、荒法師として名高く、いろいろな説話が伝えられているが、正確な事蹟は、それほど多くは知られていないようである。大師の旧蹟の神護寺が荒廃しているのを見て、その再興を発願し、その勧進のために後白河院の宴席をさわがし、法皇の怒りにふれて伊豆に流罪となった(『百錬抄』八)。そして伊豆に流されていた頼朝と知り、挙兵をすすめた(『愚管抄』五)。その後許されて帰り、神護寺の復興に努力し、文治元年(一一八五)には有名な「四十五条起請」をつくり、更に東寺の堂塔の修造にもあたった。そして頼朝の権力が強まると共に、その声名がひろまったものと見え、藤原定家(ていか)は「年来(としごろ)、前大将(頼朝)の帰依により、その威光天下に充満、諸人追従の僧なり」(『明月記』正治元年二月十七日条)と評している。したがって、この文覚の秘書の役割をつとめ、近く仕えていた行慈を子にもった湯浅宗重が、源平合戦にあたり平氏に見切りをつけて源氏に属し、一族の勢力の維持と発展を計った場合、文覚の力に頼るところがあったろうことは想像できる。文覚が、建久八年、頼朝から与えられた紀州阿弖川(あてがわ)庄(有田川の上流)の下司(げす)職(しき)を、宗重の子宗光に譲っている(『高野山文書』六ノ一三九四号)ことによっても、文覚の存在が湯浅一族の発展にとって、非常に重要なものであったことが考えられる。文覚は、正治元年（一一九九）に佐渡に（『百錬抄』十一）、元久元年（一二〇四）には対馬に流され（『漢文行状』による。しかし神護寺では、建仁三年（一二〇三）七月二十一日に文覚が寂したと伝えているというから（赤松俊秀氏『鎌倉仏教の研究』二〇九ページ）それがたしかであれば、前年のことかもしれない。）、その地で寂したという（行慈書状に「終に鎮西において御逝去」とある。『神護寺文書』五）。

さて、この養和元年のころは神護寺もどれほど復興していたかはわからないが、堂塔の建築も毎年ひきつづいて行われていたことと思われる。登山の途中、親類に離れる悲しさから馬に乗りながら泣いていたけれども、馬が鳴滝川の水を歩みながら飲むのを見て、馬でさえも立ち留らずに水を飲み、できるだけ早く行きつこうとしている。わが親類の後生たすからんために、法師になろうという自分が、どうしてこの馬に劣ることができよう。これからは親類をはじめ一切の衆生を導くために、尊い法師になりたいものだと思い、親類の恋しさを思い切り、高雄に登りついた。そして、上覚について『倶舎頌』をうけ始めた（『行状』）。この親類に離

上覚より『倶舎頌』をうける

れた悲しみは、両親を失った悲しみに加わるものであったが、その悲しみを、やがて釈尊におくれて生れ出で、その在世に会い得なかった悲しみに転じていった。そしてその釈尊追慕の思いにささえられて、聖教を学んだのである。

顕密の修学をはじめる

その顕密の教学の修学は、次のようであったと伝えられている。弘法大師の著作を仁和寺土橋恵鏡房尊実に、『華厳五教章』を華厳院の景雅に、『悉曇字記』などを賢如房尊印にうけた（『行状』）。景雅は仁和寺華厳院を開き、岡の法橋として知られた僧である（『本朝高僧伝』十二、『仁和寺諸堂記』）。これらが十代の初めの学業であった。

十二―三歳のころの事として『行状』に伝えられている話に、高雄を出ようと思い、八幡大菩薩に暇をつげて三日坂のところに来ると、大蛇が頭をあげて追い来り、路によこたわり、また蜂もとび来り、ともに八幡の御使として留めたので、思いとどまったという。

また十三歳の時、心に世の無常を思い、同じ死するならば、仏が衆生のために命をすてられたように、人の命にかわり虎狼に食われて死にたいと思い、その心を試すために、ただひとりで『倶舎頌』をもち、五三昧（屍体をすてた墓場）に行き、狼の来るのを待って一夜をあかしたという。

文覚の病のために祈る

十四歳の時（文治二年）、病気であった文覚がひそかに明恵を召して、自分は高雄を興隆したいという大願をもっているが、ここで命終（みょうじゅう）すれば、この願（がん）は成らぬ。薬師仏に文覚の病をやめしめ給えと祈請せよと命じた。そこで、入堂して祈ると、即ち平癒したという。この話は文覚が、この少年に対して期待をもっていたことを物語るものであろう。

毎日金堂に一度は入って祈ることを七ヵ年の間つづける

晩年の述懐に、「幼稚のそのかみ、童子の時、高尾にて、真実の信と智恵と、かまへてあらせさせ給へとて、如法後夜（ごや）に、人にもしらせで、入堂をして祈請して侍（はべり）し事、数年ありき。」といっている（『却廃忘記』）。これは『行状』『上人之事』によれば、十三歳から十九歳までのことで、毎日一度、高雄の金堂に入り祈請することを七ヵ年間つづけたという。そして、毎日文殊菩薩の五字真言を千反ずつ誦し、仏道を成ずることを祈ったのである。その志すところは、聖教の道理の通りに勤め修行しようということであり、学生（学者）や真言師にはなりたいと思わなかったという。

出家・受戒

文治四年十六歳、上覚について出家し、東大寺戒壇院で具足戒をうけた（『行状』『上人之事』後者には「高雄建立の初、諸事荒き間、自然遅々」とあり、世に十三歳出家といっているが、実は十六歳であるという明恵の談話を伝えている。生前から異説があったのである。）。受戒のために東大寺に赴いた折であろう、東大寺尊勝院華厳宗林観房聖詮から『倶舎論』を受学した。このとき『倶舎論』十九巻の有身見ということが、外道の神我見と同じように多く解釈されていることに疑問をもち、文殊菩薩に無我法印の正理を得たいと祈った。そして、この疑問を経論によって解きたいと思い、一切経蔵で関係の経論を見、十枚も六-七枚も暗誦して、住房に帰ってから抄写したという（『行状』）。青年時代の強記を知るべき挿話である。このころ東大寺は、なお復興中で、堂塔も整っていなかったであろうから、長い留学はできなかったのであろう。

「十八道」を受ける

建久元年十八歳の時、上覚から「十八道」をうけた。これは、身口意の三業を浄めることから始まり、十八契印よりなる諸尊通用の供養法である。この初行を始めた日に、不吉祥の夢相があったので、それをあきらめようとして学問にはげんだ。そして教文の教えをうかがい、その深意をさぐった後に、山林深谷にすみ、一つの行(ぎょう)を専らにしようと思ったという(『行状』)。教学の学問的な理解と、本寺から離れた別所において専ら修行をしようという志との間に迷い、学問を先とすることに決めたものといえる。

『遺教経』をよむ

この十八歳の時、『遺教経(ゆいきょうぎょう)』を見、その後つねに持誦(じじゅ)し、経袋に納めて携えた。その奥に、次のような意味を、やや後になりかきつけた。*即ち、『孝子伝』に張(ちょう)敷(ふ)が一歳の時に母を失い、十歳になり母の遺物たる一画扇(がせん)を得、これを玉篋(ぎょくきょう)におさめ、母を憶(おも)うごとに開いてこれを見た、ということがある。この『遺教経』

は雙林入滅の最後の遺言であり、張敷の画扇になぞらうべきものである。この経本は成弁（じょうべん）が十八歳の年、ひとり西山の閑室に籠居（ろうきょ）している間、数部の古経のうちから得たもので、滅後二千年之末に始めて遺教妙典の題を聞き、悲喜相交わり、感涙押えがたく、その後つねにこれを持誦した。文字は極悪であるが、最初得た本であるから、経袋に納め奉るものであると（『行状』建保三年条）。

興然より金剛界胎蔵界護摩をうける

十九歳にして理明房興然（時に七十一歳）から金剛界を伝受し、胎蔵界（たいぞうかい）と護摩も同じくこの師にうけた（『漢文行状』。『行状』には「金剛界伝受ス」とのみあり、興然の名、胎蔵界・護摩のことはない）。興然は、勧修寺慈尊院の第二世で、小野流を伝え、建仁三年十一月三十日八十三歳で寂した（『血脈類聚記』七、但し八十四歳とあるは『金剛蔵聖教目録』三十八「延命護摩次第」奥書に建久五年七十四歳とあるから、八十三が正しい。）。興然は、翌建久三年十二月神護寺において栄然に「大威徳護摩私次第」を授けているから（『金剛蔵聖教目録』四十三）、或いは高雄に来たのかもしれない。行慈に付法したことは『血脈類聚記』（けちみゃくるいしゅうき）七によって知られるが、そこの付法者のうちには成弁（じょうべん）（恵明）の名は見えない。明恵が、興然から直接に若干の法を

仏眼尊を母と仰ぐ

授けられたことは、聖教の奥書から知り得るところである。しかし、上覚からもうけ、後に伝法灌頂は上覚から受けることになる。

さて、この後、仏眼尊を本尊として仏眼法をおこない、種々の好相を得たことが伝えられている（仏眼尊は、胎蔵界に属し、仏眼仏母ともいって、金胎両部諸仏を出生する総母で、仏の知恵を象徴するもの。仏眼法は息災延命のために行うという）。この仏眼法を修するに、まず朝、道場に入り、夕方の五時か七時ごろまでかかって出る。夜は、初夜に入り、夜通し行じて晨朝になって出る、というようなふうで、二十四時間のうちに二度おこなったという。それは、一つ一つの行をまじめに丁寧にやったので、時間がかかったのであると、晩年述懐している（『却廃忘記』『上人之事』）。

ある時、仏眼の明（真言）を一心に誦していると、夢に天童が自分を奇麗な輿にのせてかき歩き、仏眼如来、仏眼如来といっていると見、もう仏眼になったと思ったことがあった。また、夢に、一つのあばらやがあり、その下には沢山の蛇や蝎などが居るので、恐怖を感じたところ、仏眼如来に抱かれて門を出て、怖畏を免れることができた、と見たとか、ある時、馬に乗って険路を行く夢で、仏眼如来が指縄（さしなわ）をひいて導いて下さったと見たなど、仏眼如来を母と思って、その懐（ふところ）に抱かれて養われていると夢みたようである。後に紀州において、仏眼仏母の図像の隅に、次のように書き入れたのである（高山寺蔵、国宝）（拙稿「ワ仏ヨ」日本歴史一五二参照）。

仏眼尊像の賛

モロトモニアハレトヲ
ホセワ仏ヨキミヨリホ
カニシル人モナシ　無
耳法師之母御前也、
南無仏母哀愍（あいみん）我、生々
世々不暫離、
南無母御前〳〵、
南無母御前〳〵、

仏眼仏母像（高山寺蔵）

釈迦如来滅後遺法御愛子成弁紀州山中乞者敬白

釈迦を慈父、仏眼仏母を母と思い、その哀愍を乞い、まごころをつくしたといえよう。

仏眼法を修しての好相

また初夜に道場に入り、仏眼法を修し、暁の三時に出堂したことがあった。堂の縁を行道念誦していると、堂の下の壇のところに、六―七疋のイノコが西から東に行き、最も大きいイノコの背に五つ六つの星があり、あざやかにきらめいたという。また仏眼法を修していると、仏眼尊が定印（じょういん）に住して現（げん）じ、異常な真言をさずけたという好相を得たという。また夢に仏道修行の方軌（ほうき）について祈請したところ、汝に金剛薩埵（さった）（金剛手、普賢と同じ。大日如来を真言宗第一祖、これを第二祖とする）の大楽を授けようといわれたと見、また『理趣経』の読み方を夢中に授けられたこともあった。ある時は、夢に京都の貴女の許からの消息を得たと見た。その表書には「明恵阿闍梨御房、仏眼」とあった。傍らの源大納言阿闍梨がいうには、御房の御本尊の御消息ですと。その状を開いてみると、真名で大らかにかいてあったので、真名をあそばしましたねというと、御使の童が傍らから、梵字をよくかかれるのですが、それでは役にたたぬので、といったと思い、目覚めたという（『上人之事』『行状』）。そしてこのようないろいろの好相は、生死を出でて成仏するまで、仏眼尊の加被力により成就すべき瑞相である、と語ったという（『行状』）。

好相を見ることの意味

かような好相を夢に見ることは、密教においては、修行の成就する相としてよろこばれていたものであることは、いうまでもない（例えば、『顕密円通成仏心要集』には、密教の心要を、一持誦儀軌、二験成行相とし、その二には、「或は夢に諸仏菩薩聖僧天女を見、或は夢に自身空に騰り自在なりと見、或は大海を渡り江河に浮び、或は楼台高樹にのぼり、或は白山に登り、或は師子・白馬・白象に乗り、或は夢に好華果を見、或は夢に黄衣・白衣を著せる沙門を見、或は白物を喫し黒物を吐き、或は日月を呑むなど、即ち是れ無始の罪滅するの相（下略）」とある。これは、遼の道㲀の説である）。わが国のこの時代の人々が夢相を重く感じ得たことは物語などで想像することができるが、僧侶は右のような意味で特に信仰をもっていた。例えば親鸞の如きも、六角堂の救世観音のお告げを、夢記として記録しているし、晩年のいわゆる夢告讃は、その宗教体験の深まりを示す一つの区切りをなすものであった（康元二年二月九日の夜、弥陀の本願信ずべし云々の和讃を授けられた。『正像末法和讃』）。

明恵は一生を通じて『夢之記』をかきつづけたらしい。仁真（明恵の弟子定真の弟子）が記録しているところによると（『木秘本入目録』＊）、『夢記』（御夢記・御夢御日記という）は建久二年（十九歳）から寛喜二年（五十八歳）まで四十ヵ年のものがあり、「建久九年第二年以後三巻各三紙　又三紙」の如く各年号ごとにしるし、「寛喜三年二年マテ　一巻一紙　又無年号六紙有之」とかいているので、正確な分量はわからないが（「承久三年造紙一帖大」とあるのは、現在も高山寺に伝わる大形の冊子本の分をさすものであろう。）合計すれば、造紙七帖、そのほか十七巻、二十八紙ということになる。その現存のものを見ると、普通の日記のように、必ずしも毎日かきつがれたものではないようであるが、好相を得ては忘れぬうちに記録したのであろうと考えられる。

しかし、好相の記録ということから、一歩すすめて考えると、不吉祥な相の夢や不可解な夢もまた、修行の成就の如何と関係があるわけで、そういうものも、見のがすわけにいかぬことになる。『夢之記』のうちには、上覚や湯浅一族なども多く現れているようであり、日常的な夢の記録に近いものがある。明恵は後に「夢中所作の学業」も、現実における学問と同じく見聞所作の業であるから、仏道に廻向（えこう）して、金剛の種子とし、次の生に兜率天（とそってん）に上生（じょうしょう）したい、とのべている（『随意別願文』）。夢は、夢中所作の学業で、現実と切りはなせないものであると考えられたから、記録されたといえよう。なお、建久年間に夢に関する諸経の要文（迦葉赴仏般涅槃経・阿難七夢経・舎衛国王夢見十事経・大方等陀羅尼経・大方広菩薩蔵文殊師利根本儀軌経などから抜萃したもの。初と終が自筆、中間は他筆、高山寺蔵書）をあつめた『夢経抄』という冊子

『夢経抄』

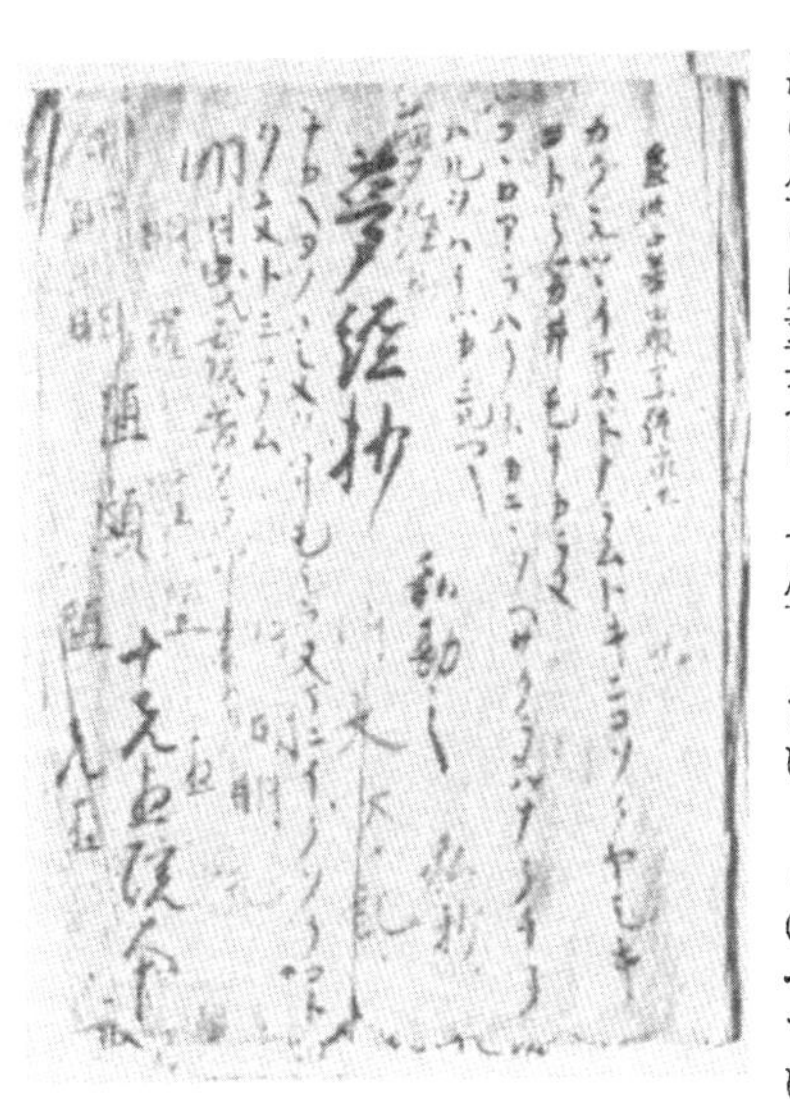

『夢経抄』（表紙）（高山寺蔵）

があり、その表紙に次の三首をかきつけている。

カクシツヽイマハトナラムトキニコソクヤシキコトノカヰモナカラメ

ココロアラハノトカニニヲヘサクラハナノチノハルヲハイツカミルヘキ

ナカキヨノハシメヲハリモシラヌマニイクソノコトヲユメトミツラム

さて、夢から現実に戻って、この建久年間の学業の跡を、主として現存する聖教の奥書からまとめて見たい。建久二年以後、明恵が書写あるいは校正した聖教は、かなり多く伝わっている。次にそれらを表にしておく。

○建久二年

四月二―七日　金剛界次第*　六帖書写一校（署名「金剛仏子成弁」）

四月十五日　華厳十重唯識義*　一巻　書写（東大寺聖詮の本による。署名「成弁」）

〃　不染無知断位料簡*　一巻　書写（聖詮の本による。「成弁」）

四月二十六日　五教中観旨事*　一校（「大法師成弁」）

四月二十七―五月一日　華厳五教章指事*　中末・下末　書写一校（東大寺尊勝院本による）

五月三日　華厳経文義綱目　一巻　書写一校（東大寺尊勝院本による「大法師成弁」）〔金沢文庫本同書の本奥書〕

五月十九日　禅法要解　二巻　書写一校

六月八日　金剛界念誦次第*　第二　二校（書写は覚玄）（「成弁」）

八月二十日　五教章指事*　上本　書写一校（「大法師成弁生年十九才」）

八月二十四日　〃　上末　書写一校

十月十日　大乗起信論義記　上下　一校（東大寺尊勝院本による）

○建久三年

四月十一日　倶舎論講略式*　一帖（成弁の自撰「表白等自案之」）　『倶舎論講略式』を撰す

六月十七日　探玄記　二　一校（奥書のみ、『手鏡』にあり）

十二月二十三日　大乗法界無差別論疏*　書写一校（「成弁大法師」）〔根津美術館蔵〕

○建久四年

正月十四日　摩怛利神法・却温神咒経娑羅佉事を興然より受く（『真聞集』五御口伝）

○建久五年

六月五日　探玄記*第七　書写一校（「大法師成弁」）

七月二十三日　〃　第十三　〃

八月四日　〃　第十五　書写（奥書のみ『手鏡』）

八月二十六日　〃　第十六

閏八月二日　華厳経内章門等雑孔目*第一　書写一校

九月二日　〃　第三　書写一校（書写奥書の署名「明恵房」）

閏八月十一日　探玄記*第十八　書写（「成弁大法師」）

閏八月二十一日　〃　第二十　書写一校

九月一日　華厳経五十要問答　上のみ書写、下は他筆、ともに一校（『題跋備考』）

○建久六年

七月十二日　神護寺十無尽院における小宝螺講の勧進となる。結衆に聖詮・定真らあり（中野氏所引『小宝螺日記』）

八月七日　五教章指事*下末　書写（尊勝院本による「遊心法界宗行人成弁」）

八月十四日　入楞伽心玄義　一帖　一校（署名はなし）

八月十六日　法界無差別論疏＊　一帖　一校（尊勝院本による）
十月十二日　五秘密　一巻（抄記）
十月十六日　金剛界抄＊　一帖（自草）
十一月十八日　上覚より弥勒法を伝う　（村上氏所引『弥勒法』奥書）

右の年表について、まず目につくことは、華厳教学の研究に手をつけていたことで、『探玄記』『五教章』（指事は寿霊のその註疏）などは賢首大師法蔵の著で、華厳研究の入門書とされていたものである。そのほか智儼の『孔目章』『五十要問答』もあり、華厳の章疏を、多く東大寺の尊勝院（光智が応和年間に開いた華厳宗の道場。この時は十三代の院主弁暁が治承四年やけたのを再興すべく努力していた（『東大寺続要録』）。ここの聖詮と交わりがあった。）から借りて書写している。その奥書には、青年らしい、やや客気の見える言葉もあり、経典の偈をかきぬいたり、その時の瑣事をかきつけたりして無邪気なものがある。例えば「当山第一之非人成弁之本也、師子　当寺之瓦礫明恵坊、此山之厠掃治之夫法師之□」（『五教指事』中末）とあったり、「日本国第一乞食法師、今身より未来際に至り、永く僧都僧正になるべからざる非人法師成弁の本也」（『手鏡』所収『探玄記』六）などとあるし、また「釈飯の残り、この日、犬に食われ了んぬ」（『入楞伽心玄義』）などともかいている。これらの章疏の書写は、自らやったのも多かったであろうが、同行をして書写せしめているのもあり、その名の明らかなものもある。例えば、義誓歳十四・良顕歳十五（『起信論義記』）というように若い僧に頼んでいる場合もある。

建久（五年）□（甲寅）□八月廿五日夜□神
護寺別院□善房禅室書写之了
紙談花蔵集　字落海印像
結構雖一時　相入遍十世
成弁大法師
正治二年六月於□□□石垣兵衛殿宿所□
墨　煎　了
為書演義抄

このころの同行

しかし、名を記さぬうちには、明恵にこの後長く随身した人々もあったであろう。

義林房喜海も、このころからの仲間であったらしい。「喜海法師は、もとこれ華厳法師の同学なり」（『手鏡』所収『探玄記』奥書）とい

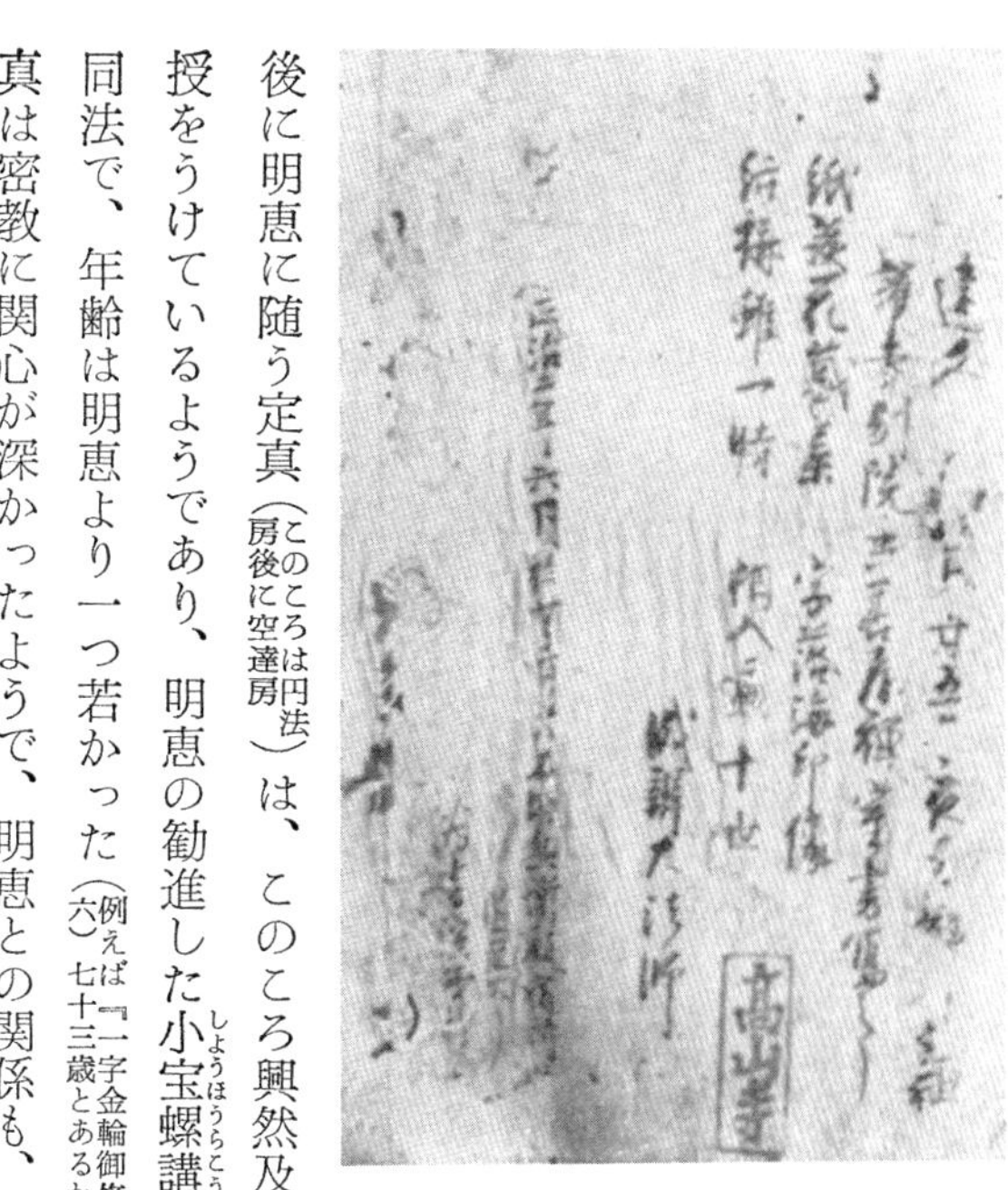

『明恵上人手鏡』
（探玄記十七奥書）（高山寺蔵）

っているから、そう考えられる。喜海は建長元年（一二四九）七十二歳であったから（静嘉堂文庫蔵『華厳経疏』四十七奥書）、建久六年（一一九五）には十八歳で、明恵よりは五つ若かった。また、後に明恵に随う定真（このころは円法房後に空達房）は、このころ興然及び上覚から密教について伝授をうけているようであり、明恵の勧進した小宝螺講（しょうほうらこう）の結衆でもあり、神護寺の同法で、年齢は明恵より一つ若かった（例えば『一字金輪御修法支度事』に寛元四年（一二四六）七十三歳とあるから、建久六年には二十二となる）。定真は密教に関心が深かったようで、明恵との関係も、喜海とはおのずから異って

宝治三季己酉自正月一日始之同八日此巻講了
沙門喜海七十二

喜海の筆蹟『大方広仏華厳経疏』巻四十七巻尾識語（静嘉堂文庫蔵）
（宝治三年（建長元年）の筆蹟で，これにより喜海の年齢がわかる）

いた。

十無尽院の始まり

ここに注意されることの一つに、建久六年の奥書から「神護寺十無尽院」と見えていることである。その前のは、ただ高尾寺・神護寺、あるいは神護寺河辺独房などとあるだけである。この年から自らの房に十無尽院と号したのであろうが、その因縁は、その四月十八日夜の夢相にあった（『行状』に引く『六十華厳』第六巻の奥書にいう）。そのころは菩薩明難品第六に見える十甚深の第一の縁起甚深の義理を考えていたのであるが、その夜、経と『探玄記』とを枕許においてぐっすりとねた。すると夢に『五教章』の十玄縁起を説いた部分のうちで無尽ということばが十つづいているところを見た。しかもその無尽という字形が漢字でも梵字でもなく、花鬘索が十重に開敷したようで、第一重の花葉が非常に微細であり、それが十重にかさなっていた。この字が、こんな不思議なのは、縁起の法が法界をつくして無尽であることを示すものであると思い、その十の無尽の字をのみこんでしまった。これは、十玄縁起の義理をやがて理解することができる瑞夢であるとした。これにより、十無尽院と号したのであろう。しかし、その場所が、神護寺の何処であったかは、わからない。この院号は、栂尾においても用いられる（後に喜海の塔頭（たっちゅう）をそうよぶことになる）。

この建久年間の学業は、華厳章疏の研究が、仏眼法その他密教の行法の実修と並びおこなわれていたものであるが、華厳教学に対する学問的な意欲は非常につよかったといえよう。その研究には、前代からの華厳教学研究の伝統をたもつ東大寺の尊勝院の蔵書が用いられているのであり、同院との交渉は相当に深かったであろう。そこで同院の院主弁暁（建仁二年七月寂『東大寺別当次第』）から明恵に対して華厳宗の興隆のために公請（くしょう）（朝廷より法会に招かれること）に出仕してほしい、という求めがあり、一両年の間、東大寺に通い住した。しかし、その間に東大寺において学僧たちが、党派をつくり争っているのを見て、こんなところに居てもしかたがない、と思って、山林に閑居の志をつよくし、東大寺にはもう行かない、と決心したというのである（『行状』）。南都の学僧らは、僧官・僧位を得るか、学問的な関心のみで、宗教的実践の意欲を欠いていると判断し、遁世の別所聖（ひじり）とでもいうべき方向にすすもうとしたのである。そういう人々もまた、このころかなり多かったのである。こうして、明恵は、高雄をも去り、山林閑居を実行にうつすのである。即ち紀州の白上（しらかみ）の峯にうつり、孤独に純粋な観行（かんぎょう）を実修しようとしたのである。

三　紀州における遍歴

建久六年二十三歳の秋の比、高雄を出て、聖教・本尊を負うて、紀州湯浅の栖原（すはら）村の白上（しらかみ）の峯にいたり、一宇の草庵をたてて居をしめた（『行状』、しかし前の年表によって考えると、冬になってのことかもしれない。以下紀州の遺蹟については、浜田康三郎氏『栂尾明恵上人』及び雑誌『かはせみ』に連載の実地踏査記（未見）、最近では景山春樹氏「紀州に明恵上人の遺蹟を尋ねる」（『仏芸』三二）がある）。白上の峯は、

　その峯の躰たらく、大盤石そびけたてり。東西は長し二丁ばかり、南北はせばし、わづかに一段余。彼の高巌の上に二間の草庵をかまへたり。前は西海に向へり。遙に海上に向って阿波の嶋を望めば、雲はれ浪しづかなりと雖（いえども）、眼なをきはまりがたし。南は谷を隔て横峯つらなれり。東は白上の峯の尾やうやく下りて谷ふかし。北又谷あり皷谷（つづみだに）と号す。渓嵐（けいらん）響をなして巌洞（がんどう）に声を

おくる。草庵の縁の前、北の角、学問所の前に一本の松あり。その下に縄(じょう)床(しょう)一脚をたつ。又北の縁の中をうがちて一本の松あり。うしろには白巌かさなりつらなり、青苔(せいたい)むしむせり。盤石のそびけたてる事から余にことなり。又西南の角二段許(ばかり)の下に一字の小草庵を立つ、これ同行来入のためなり。此処にして行法(ぎょうぼう)、坐禅、誦経(ずきょう)、学問等の勤(つとめ)、寝食をわすれてをこたりなし。昼夜朝暮に只(ただ)仏像に向て在世の昔を恋慕し、聖教に対して説法の古(いにしえ)をうらやむ。

白上前峯より白上湾をのぞむ☆

と喜海が描写しているように（『行状』）、湯浅の湾にのぞみ、景色のひらけたところで、西の白上前峯と東の白上との二つの遺蹟として記念され、後に喜海により率都婆（そとば）がたてられたのである。

白上での明恵の生活

明恵は晩年になり、この白上に移った時の気持を回想して、次のようにいっている。高雄において顕密の師範の僧の行儀を見ていて、これではどうしようとあきたりず、悲しくなり、まことの信と智恵とをかねたいと思い、どうしたらいいかわからなかったが、大菩薩に祈るよりほかはないと考え、そこで山中海辺の住居を思いたち、ほんの少しの聖教と本尊だけをもって山中にこもり、一向に文殊菩薩に祈請したのであると（『却廃忘記』）。

この白上である程度まで生活を共にしていたと考えられる喜海は、ここでの明恵の修行の様子を、いろいろと詳しくのべている。それは、白上での体験が、後の明恵を形づくる重要な原因であったことを、考えているようである。しかし、

白上前峯石塔婆☆

(銘)

(梵字ま) 文殊師利菩薩

建久之比遁本　十月十九日造立之
山高尾来　草　嘉禎二年丙申
庵之処　比丘喜海謹記

(裏)

嘉禎年中所立木率都婆朽損之間
勧進一族以石造立之、依此結縁各願
上人引導可令成就二世願望者也
康永参季甲申九月十九日勧進比丘弁迂

(景山氏論文参照)

ここでは簡単に見ておくにとどめたい。

右の耳を切る

明恵が、抑えがたい憍心を抑え、仏道に純粋にうちこむ志をたしかめるため、形をやぶってその覚悟をあらたにしようとし、右の耳を、かれが母御前と仰ぐ仏眼仏母尊の像の前で切ったのも、この白上に於いてのことであった（『行状』）。また、

釈迦如来の御愛子

釈尊を慈父と仰ぎ、したがって我はその愛子であるという考えから、みずから「如来滅後遺法御愛子」と称していたところ、はからずも、『大宝積経』（巻二、三 律儀会）に、「我之所愛子」といって、末世の悪比丘のうちの正見正信にして如来の遺蹟を望んで恋慕する者に、よびかけているのを見出して、大いによろこんだこともあった。また『心地観経』の第一巻には、如来の教えを聞くために集ったものをあげたうちに、数多くの比丘僧・菩薩・天子・竜王・薬叉神・国王夫人などのほか、禽獣非人・餓鬼・諸の鬼類などがあるのをよろこび、われらはたとえ菩薩のうちには加われないとしても、鬼神以下のうちには入りうるであろうといって、こ

の第一巻を持経(じきよう)として経袋に納めていたという(『漢文行状』)。

文殊菩薩の空に現ずるを見る

明恵は経典をよみ、そのうちにはいりこんでしまうことを志し、またそれができた人であったらしい。『華厳経』でも、第一巻の仏の説法を聞く衆会をのべたところ、またその「十地品」のはじめの聞衆をつらねたところを、『心地観経』と共に、持経としていたという。ある時「十地品」(『六十華厳』巻第二十三十地品第二十二)をよみつづけていると、我もその中に交わりつらなった心地となり、なおもよみつらねていくと、如来が他化(たけ)自在天宮の摩尼(まに)宝蔵殿上におられ、説法していられる有様が、眼の前にうかび、如来の慈顔をまのあたりに拝する心地がした。そこで悲喜の涙をのごい、本尊をじっと仰ぎ見つめ奉って、声をはげまして経を誦したところ、眼のうえが忽ちにかがやいた。眼をあけて見ると、虚空(こくう)に浮んで、七-八尺ばかりの上に、文殊師利菩薩が、身色金色で、金色の獅子に乗って現じ給うた。そのたけ三尺ばかり、光明かがやき、やや久しくしてうせたという(『行状』。『夢記』にも同二十五日のこととして見え、端欠く故、何年何月か不明、禅浄房『上人之事』（安貞二年七月九日明恵談）に二十四歳の時とある故、建久七年のことである）。このことを、晩年に弟子（霊典や長円ら）に語って、虚空かがやくことかぎりなく、その光明の中に文殊大聖がまのあたり現じたもうた。歓喜は何ともいえぬほどであった。このごろになりいろいろと説法ができるのは、その故である、といったという（『却廃忘記』）。晩年になっても重要な体験として回想されているのである。この文殊出現が東白上においてのことであったことは、喜海が嘉禎二年にたてた東白上の遺蹟の塔婆の銘に、「建久の比、蟄居修練の間、文殊、空中に浮び現形の処」とあることによって知られる。

いろいろな夢相

このほか、種々様々な夢相が伝えられているが、まずみずから後になって記録しているものからあげておく。大海の辺りにあまたの人が集っており、その海中に向って五十二位（菩薩の修行の段階。十信、十住、十行、十廻向、十地、等覚、妙覚）に配して大石がならんでいる。諸人は初信の石に群集している。予は五十二位の石を遍歴しようと思ったが、ついて来る人はない。ひとりで一々身をおどらして五十二位の石を歴て、遙かに妙覚の石に至り、それからもとの如く初信の石にいたり、諸人のために、海中の五十二位の功能を説いたという夢相。あるいは一つの大きな建物があり、予は力をはげまして登ろうとし、何階もあるのを段々と登り、やがて日月と相並ぶところに来たので、四王天に登ろうとして、登って行き、登り切って見れば普通の塔であったので、九輪に登ろうと思い、九輪の最頂の流星にとりつこうとしたところで目覚めた。これは正月上旬であったが、下旬に同じ夢を見、今度は流星の上に立って下の十方界を見ると夢みた。この二つの夢相は、盛年廿歳あまりの頃のこととして『華厳仏光三昧観冥感伝』に見えている（『行状』にも詳しい）。また、釈迦如来より聖教を賜わったという夢相、大亀即ち老翁となり導いて竜宮にいたる（『華厳経』は竜樹が竜宮よりもたらしたものと伝う）など、瑞夢好相、あげて数うべからざるものがあった（『行状』）。

この白上峯における修行は、「影をかえりみれば、たゞひとり仏像聖教のほかに心を養う友なし」と喜海がのべているように（『行状』）、孤独での観行がおもなものであったろう。いうまでもなく華厳の教理である六相十玄をさとり、密教の五相字輪の観行を実践することであった。夜もすがら『五教章』の断惑法門を暗誦したこともあったという(『行状』)。そして慈父釈尊を追慕する思いから、西天の所々の遺蹟について、『大慈恩寺三蔵法師伝』(玄奘の伝)によりしらべ、仮名文の『金文玉軸集』をあらわし、また如来滅後、迦葉尊者が、正法蔵を結集したいわれを『正法結集伝』にしるしたのである(この二著は『所作目録』に見えるが、現在伝わらぬようである)。なお建久七年の春の頃『法花経寿量品註抄』を草したという(『夢記』)。

布施をうけるか乞食か

白上峯における生活は、数ヵ月もの間、あたたかな食事もなく、塩噌をも遠ざけた、極めて簡素なものであったので、痢病をわずらうことなどもあったが、意に介せず、つづけた。はじめは如来滅後無福の身、檀越の布施を受くべきにあらず、という考えで、乞食で衣食を保とうとしたのであったが、有田一郡はみな親類であり、家人であるので、乞食して家々を廻ってみると、見知った下人たちに

崎山良貞の扶持

会うので、乞食も煩わしくなり、崎山兵衛尉良貞に契約して、五日に一度の食事をもらうことにした。

もう一つの問題は、聖教により仏道の入門を明らかにするためには、持参した聖教だけでは足りない、ということがあった。田舎には完全な一切経もないから、京都、神護寺に帰りたいという気持もおこった。即ち、聖教を理解することによって心の中を明らかにし、それから山林で修行した方がいいのではないか、という疑問も出てきたのである。

学問か修行か

そこで、白上の生活に見切りをつけ、四国に渡ろうとし、多喜四郎重保をかたらい、同行勝善房浄真と共に、淡路国に渡ったこともあった。しかし、聖教を見たいという考えから淡路に移ることは中止した（『行状』）。

喜海は、右のように、白上における明恵の修行生活についてしるし、それが必ずしも十分に落付いたものでなかったことをのべているが、その期間について正確な年月をしるしていない。しかし、建久八年閏六月四日・五日にかかれた奥書のある『華厳一乗教分記』上巻があり、その奥書に「紀州山中巖上庵室において之を記す、時に西海以ての外になぎたり、船少々あり」とあって、このときには白上峯に居たことが明らかである。その奥書には、次のような文もある。

哀哉(かなしいかな)々々、南山のきはに船の一艘いできたりつるが、ほどなくはせとをりて、北山にかくれなむとする気色(けしき)をみれば、此耳きれ法師が一生涯をはせわたらむほども、あれにことならぬかなと思て、雙眼になみだうかぶ。筆をそめて如此かきさして、また筆をそめむとする便(たより)に、みやりたれば、船はすでに北山にはせかくれにけり。弥(いよいよ)あはれをもよをすものかな。

湯浅湾の島に渡る

湯浅湾の沖を南から北に通りすぎて行く船を見ながら、己れをかえりみている様子がうかがわれる。この湾内には、苅磨島が白上の眼下にあり、更に遠く鷹島・久礼島などがある。西天に思いをはせた明恵は、白上から眺めただけではなく、これらの島に渡り、はるかなる西海の彼方を向き、念誦したのである。喜海は、建久の末の頃、明恵と道忠という十八－九の僧と三人で南刈磨島に渡った時のことをのべている。即ちその南端の西向の洞に、数枚の板で草庵をつくり、釈迦図像をかけ、五日間読経念誦した。その時、明恵は、如来が海竜王宮で七日の説法を終り、楞伽王城の南の海上に浮んで集会をととのえたという『楞伽経』の説相を目の前に見るように思うといって、滅後にして生身を拝し得ぬことを悲歎したという。また或る時は百余人の同行や親類と共に海中の島に渡った。はるか西の海の中に霞んで浮ぶ島を天竺になぞらえ、「南無五天諸国処々遺跡」と唱え一同これにならった。明恵がいうには、天竺は如来の本生の国で、遺跡は多いが、殊に烏仗那国蘇婆卒堵河の流域に多い。その河水は大海に流れ入り、一味の鹹水となっている。この磯辺の石もかの海水に染んでいるから、どうして遺跡の形見でないといえようかと。また急雨によって洞窟に入れば、瞿波羅竜窟にあるという釈迦の真影に対するかの如くであった。同伴したものは五－六日の間、眠りをやめ、声をそろえて礼拝したのであった。この時、一つの色変りの小石を拾い、蘇婆卒堵河の石になぞらえ、蘇婆石と名付け、

鷹嶋の石（左），蘇婆石（右）（高山寺蔵）☆

鷹嶋の石は，長径1寸8分，蘇婆石は長径1寸ほど。鷹嶋は湯浅湾のうちにあり，この石には明恵の歌がしるされている。「我ナクテ後ニ愛セヌ人ナクバトビテ帰レネ鷹嶋の石」（景山氏論文による。）『和歌集』には「われさりてのちにしのばむ人なくば」とある。詞書には「紀州の浦にたかしまと申すしまあり。かのしまの石をとりて，つねにふつくへのほとりにおき給しに，かきつけられし」とある。

遺跡を洗へる水も入海の石と思へばむつまじき哉

と詠じた。かような折に、海中の群類に対して、陀羅尼を誦して、結縁したのであった（『漢文行状』）。

島にあてた手紙

喜海は、「上人、嶋に臨で只法界法門の悟を開き、唯心無性の智をみがくのみに非ず、又世間遊宴の友として心を遊ばしむる情を催す」（『行状』）といって、明恵が島に渡って、そこに華厳の法界縁起の教えをよみとり、体験を深めて行ったのみではなく、島を友として遊んだことをのべている。そして、明恵が島にあてた手紙（それは破られてしまったが、覚えているところをかくといって）を載せているが、この長い興味深い手紙は、明恵の自然観を見るべき、というよりは、自然と一体になり得た、その気分を窺わせるものであろう。島は「心浅く非情なればとて隔つるに似たれども、いみじくたのもしげに思へる心ある友とても、其有様を思ひとけば、嶋にかはりて自性ある物にも非ず。（中略）同く無自性の体なれば、嶋にかはりて有情なりとて、其体を見るべきにも非ず」という言葉もあり、終に「しかれば、いみじく心有人よりも実に面白き遊意の友とは、御所をこそ深く憑みまいらせて候へ」ともある。この手紙には、術語が多く、教相を知らなければ、十分に解することができないが、これらの片言にも、明恵の面影のしのばれるものがあろう。

文覚より栂尾の興隆をすすめられる

建久八年は紀州ですごしたようだが（九月二十一日、崎山の新家において『華厳教章*』一帖を一校しているから、そのころは養父の崎山氏のもとに行ったものであろう）翌九年になり、高雄に帰ったらしい。文覚から、神護寺において思うままに閑居してほしい、栂尾の地に寺をつくるように、本尊に運慶のつくった釈迦像を与えようといわれ、更に唐本の十六羅漢を附属されたということが『行状』に見えているが、何年のことか明らかでない。しかし、つづいて九年八月二十五日に栂尾ではじめて『探玄記』第一巻を、喜海ら数人の学徒に談じた、とあるから、おそらくはこの年のことであろう。

平安時代の栂尾

このころ栂尾の地は高雄神護寺のうちに含まれていたであろうが、古く貞観年間に賢一という僧が度賀尾寺に住し、『般若心経』

を持経として苦行しており、元慶二年（八七八）までの三年間、後に叡山に登る尊意が、少年の折、そのもとで過したということが『尊意贈僧正伝』（続群書類従、『日本高僧伝要文抄』）に見えている。この度賀尾寺が、栂尾をさすことは明らかであるから、九世紀のころに寺庵のあったことが知られるが、神護寺との関係は明らかでない。（この栂は、そのころの文献には「梅尾」とあり、梅をトガとよんだのであるが、書名を除き現在の栂尾を用いる。）このように栂尾に庵居したのであるが、高雄に騒動がおこり、こうした経釈の講読にはふさわしくない事情となったので、秋の末に十余箱の聖教を携えて白上の峯にうつり、更にその奥の筏立（いかたち）に行った（『行状』）。

筏立にうつる

筏立は、明恵のうまれた吉原から、有田川にそってさかのぼったところで、山間のしずかな境致である。この地で、白上における修行の体験にもとづいて、一つの修行の方法を定めた。それは、『唯心観行式』一巻である。

『唯心観行式』と『随意別願文』をつくる

『大方広仏華厳経中唯心観行式』という詳しい題名によっても知られるように、

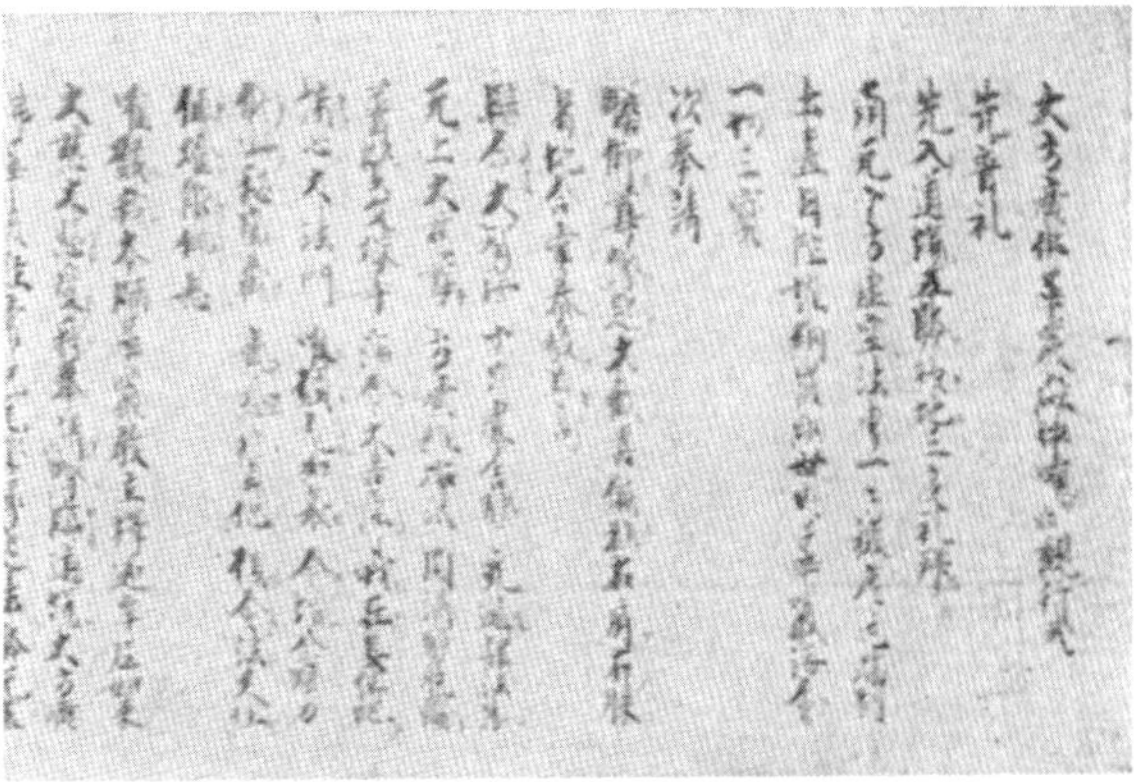

『唯心観行式』（巻首）（高山寺蔵）

大方広仏華厳経中唯心観行式
先普礼
先入ニ道場一五躰投レ地　三度礼拝　（朱）「起居礼云々」
（朱）「取香呂或合掌」
南無十方虚空法界、一々微塵、毛端刹
土、尽因陀羅網、微細世界、華厳海会、
一切三宝、次奉請
瞻ニ仰尊像一起ニ大歓喜一偏ニ袒右肩一右膝
着レ地、合掌恭敬白言
（朱）「金二打取香呂」
帰命大智海　十身盧舎那　充遍諸法界
無上大慈尊　方広離垢法　円満解脱輪
普賢文殊等　海会大菩薩　我在具縛地
悕心大法門　唯願見加哀　令増念智力
修此秘奥蔵　広益於自他　願令法久住
伝燈報仏恩
唯願我本師、華厳教主・釈迦牟尼如来
大慈大悲、受ニ我奉請一降ニ臨大方広

『華厳経』のおもな教えを体験するための実践の方法をさだめたもので、その中心は、心・仏・衆生の三無差別を観ずることと、普賢菩薩の行願（『四十華厳経』の末尾にある）を念ずることにある。これを毎日の三時の行としてさだめ、行じはじめた時に、『随意別願文』をつくり、釈迦像の前にのべたが、それは十月八日の初夜のことであった。

この願文は、三千八百五十字の長文であるが、まず慈父釈迦におくれて世にいでたことをいたむ思いをのべて、それを悲しむこと痛切である。しかし、幸いに華厳の法門にあうを得たことをよろこび、いかにしてもその教えを身につけたいという願をのべ、しかし辺地小国にうまれた凡夫たる自分は、とても容易にその願を満足させることはできまいとし、嘗つて宝蔵仏の世界に、大悲菩薩があらゆる世界の重い罪をおかした衆生を救うという大誓願をたて、その結果、釈迦となってこの五濁世の衆生を救われたという（『悲華経』四諸菩薩本授記品）。自分らは罪をおかしても、この釈迦如来の願の力によって、未来においてわが願をなしとげることができよう。また、もしこの願をとげることができずに地獄におちても、毗盧遮那仏の光明にてらされたので、地獄から兜率天にのぼった天子たち（『華厳経』如来随好光明功徳品第三十五）のように、兜率天にのぼり得るであろうし、または如来の化身が十方の世界に現じて居るのであるから、たとい畜生となっても、やがては無上菩提を得られるであろう。あるいはいつまでも輪廻をつづけていくにしても、『華厳経』を忘れず、読誦し思惟してしばらくもすてぬようでありたい。『華厳経』にあらわれる一切の仏よ、もし何度もうまれかわったのちに、『華厳経』を忘失するようなことがあれば、必ずわが心を驚覚して、今のわが願を思いおこさしめたまえ、とまで願っている。最後に「我、無明の轂にあつて、この大願の音を出す、唯々願くは大慈父、我が哀恋の声をきいて、無明の轂を破壊して、法身を増長せしめたまへ」と結んでいる。奥書によると、その夜の夢に、十方の世界が大いに震動し、大雷声が響きわたり、その響のうちに、善い哉々々、世間のうちで最もすぐれている、と成弁をほめる声があった、とみずからしるしている。二十六歳の明恵のひたむきな態度を知ることができよう。

華厳の研究にはげむ同行たち

なお、この十月二日から、十八日までの間、三日間を除き毎日一部の宝王如来性起品（『六十華厳』第三十二）を、読誦する行をおこなっている（『夢経抄』）。この品は、『八十華厳』では如来出現品と訳されていて、『華厳経』における如来というものがどんなものか、ということを説いた重要な部分であるといわれている。筏立では、こういう行のほか、喜海らに対して『探玄記』第二巻の講義をつづけていたらしい。

『探玄記』の講義

ところが、そういう学問的な研究のためには、文献がたりないので、翌建久十年（四月二十七日正治と改元）の春には、高雄に行き、『探玄記』第三巻以下の講義をつづけ、問答講をもはじめた（『行状』）。そして三月十九日には、文覚が再び勅勘（ちょっかん）をこうむって配流（はいる）された（『百錬抄』）そのためと思われるが、十余人の僧と共に筏立にうつり、そこで『華厳経』の註釈書の講義をつづけた（『行状』）。この正治元年十月、筏立の庵室において、東大寺尊勝院の経蔵の本から英敏らにより書写された『探玄記』が、高山寺に伝わっている（十月二十一日に十・十一巻を、同二十四日に十二・十四巻を校了）。この英敏はこの年十九歳であった（『華厳玄義』奥書）から、明恵に同伴した学徒のうちには若い人々も居たであろう。

筏立における華厳の註釈を中心とする研学は、翌正治二年にも及んだ。二月二十三日に筏立の草庵で『探玄記』*五を明恵は校了している。閏二月二十四日『如意輪観自在菩薩念誦次第』一帖が筏立の庵で書写されたが、これも明恵をめぐる一団の人のしごとであろう。三月十九日の酉刻（とりのこく）、明恵は『華厳経』*の第二十一・二十二・二十四巻を尊勝院経蔵の本を以て校了し、二十三日には同経巻二十九を一校している。三月十九日には喜海も筏立の草庵で『四十華厳経』*第十二を一校し、同二十日には顕真が同経第二十五を一校している。これらにより『四十華厳』の書写校合を手わけしておこなっている事情を知ることができる。九月二十二日に顕印が糸野において『阿毘達磨倶舎論』十九を書写しているから、このころは明恵も糸野にうつっていたかもしれない。

糸野にうつる

　糸野も石垣庄のうちではあるが、筏立・吉原からは、有田川の下流にあたる。ここには、湯浅宗光の館があった。宗光は、明恵の母の兄弟で、即ち叔父にあたり、おそらくは石垣庄の地頭であったろう。この糸野には成道寺という寺があり、その背後の地に二-三の草庵をつくり、明恵ら十余人の学僧は、『五教章』『大疏』『演義抄』など華厳の章疏や『起信論義記』の講義をおこない、毎月二度の問答講をおこなった（『漢文行状』）。

自行にはげむ

　しかし、いうまでもなく、学問的な教学の研究は、毎日三時の行の暇におこなわれたものであったし、三時の行のほかに、明恵は自分だけの行として禅定をうるためにいろいろと心をくだいた。この正治三年正月二十四日に『五門禅経要用法』と『阿蘭若（あらんにゃ）習禅法』などを見、いかにして禅定をうるかと苦慮し、病を忘れて寒い冬の川の中で沐浴（もくよく）して身をきよめ、初夜より道場に入り釈迦如来の前で、

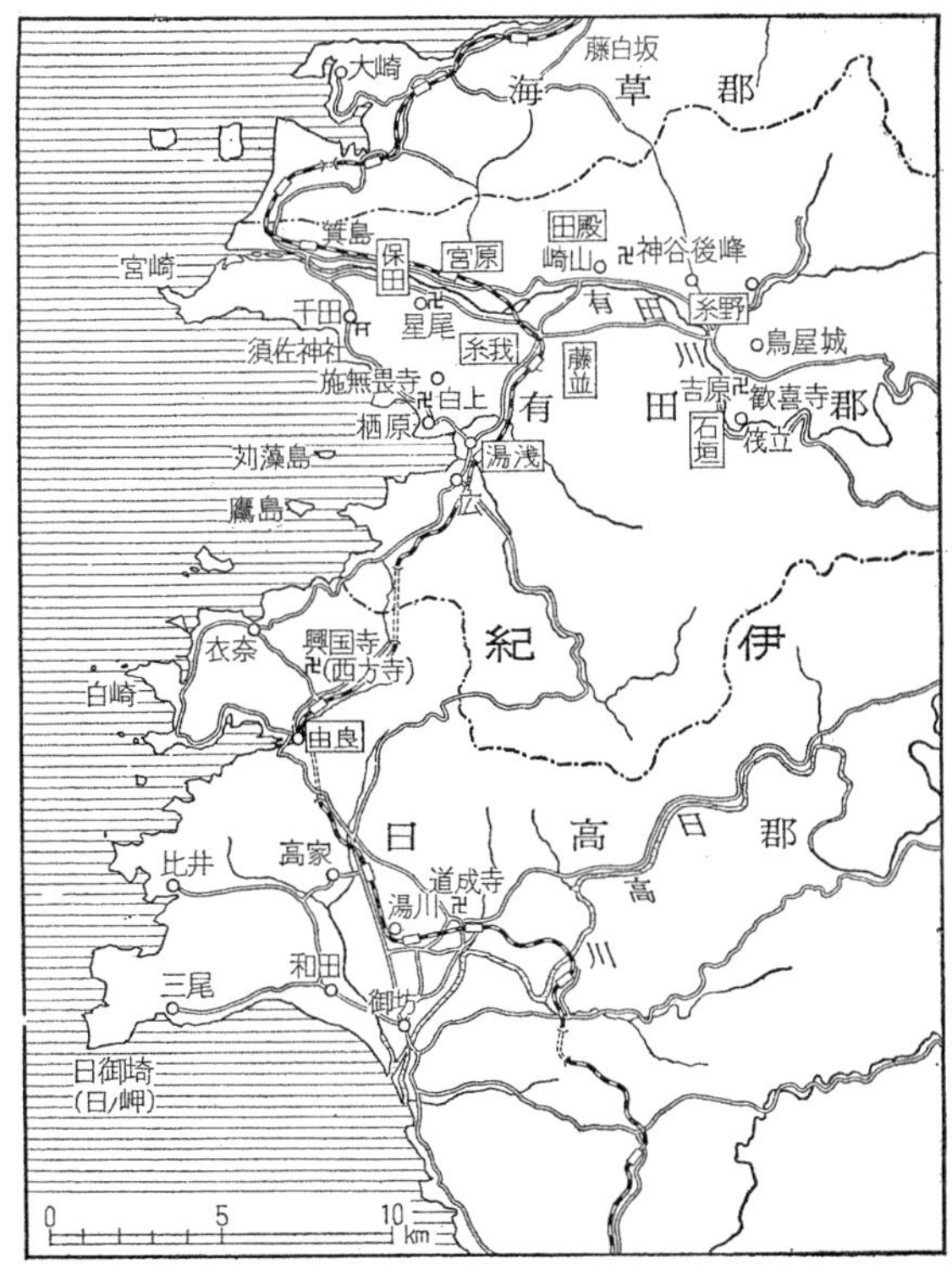

紀州における明恵関係遺跡地図（昭和35年頃）

（▭でかこんだのは関係の荘園名）

紀州八処の遺跡は次のごとくである。吉原（金屋町大字歓喜寺中越）
白上・同前峯（湯浅町大原栖原）　筏立（金屋町大字歓喜寺西原）
糸野（金屋町大字糸野字上人谷）　星尾（有田市星尾字弁財天谷）
神谷後峰（吉備町大字船阪字聖人）　崎山（吉備町大字井口）

自ら劣報を懺悔して大願をのべ、『三部華厳経』の第一巻各一巻を読誦したのち、燈明をけして堂を出ようとしたところ、壇上に宝珠の如き形の光があらわれた、と思うと忽ち消えた。時に大風雨であったが、これは善根成就の相とおぼえた、ということを自ら記録している(『行状』承久三年条)。

「毎日学問印信次第」をさだむ

そして経疏をよむといっても、学問的な研究のように、その文章としての意味を理解するにとどまるものではなかった。それは、この年九月一日に「毎日学問印信次第」と題する掛板をつくり、成弁・喜海・定恩・性実・霊典・永胤・海禅・顕真・弁操・真海・顕印の名をつらね、それぞれの名の下に十の穴をあけて、右の各人が経論や章疏を毎日三枚よむか、『五教章』半巻を誦するかしてから、印信として穴をふさぐべきである。但し言葉の表面の意味をよむだけではだめで、心のなかにその意味がほんとうにうえつけられねば、教えを伝えられたしるしである印信とするわけにはいかない、という意味の注意を記していることによって

湯浅宗光の保護

『華厳唯心義』を著わす

も知られる。かように糸野において明恵(成弁)を中心として、これら十一人の僧が集団生活をしていたのである。

これらの人々の生活をささえていたのは、いうまでもなく湯浅宗光であったろう。この完光は、明恵に帰依し、かれを愛すること、きわめて深かったようである。明恵も、この一族のために、あるいは加持祈禱を試み、あるいは法を説き、書物をあらわしたのである。

まず第一にあげるべきは『華厳唯心義』の著作である。奥書によると、宗光の館で、二月二十一日に病をなおすために灸をからだの数ヵ所に加え、その翌日から灸の苦痛をしのびながら、この本をかきはじめ、その夜は徹してかき、二十四日の辰時(午前八時頃)にかき終ったという。この書は『如心偈』(唯心偈)を解釈したものであるが、この偈を数多の女房、親類がさきより久しく受持していて、偈の意味を説明するように会うごとにたのむので、その求めに応じたのだと巻頭にのべている。この偈は、『六十華厳』夜摩天宮菩薩説偈品第十六において如来林菩薩の説くところである。

心の如く仏も亦しかり
仏の如く衆生しかり
心・仏及び衆生
この三、差別なし
諸仏は、ことごとく一切は
心より転ずと了知す
もしよくかくの如く解すれば
かの人、真仏を見ん
心も亦この心にあらず
身も亦この心にあらず

一切の仏事をなし
自在未曾有なり
もし人、三世一切仏を
了知せんと欲すれば
まさにかくのごとく観ずべし
心、諸の如来を造ると

これはいわゆる唯心縁起をといたものとして、『華厳経』のうちでも、最もよく知られた句である。明恵は、この本の上巻において、この偈の解釈を詳しく仮名交りの文章でしるしている。おそらく、湯浅一族の女房たちが、この偈をつねにとなえていたのは、明恵のすすめにもとづいたものかと考えられるが、女房たちの仏教についての関心の程度を知ることができる。この本は、明恵の著作としては、はやい頃のものとして注意されるが、その下巻には、世間におこなわれている邪説として、「一切衆生、昔本覚の都にあり、妄執にさそわれて今生死の凡夫となる」という説をとりあげ、批判している。それは「我等昔如来なりき、何ぞ又凡夫と成りし」ということであり、悟りと迷いとを時間の前後において考える説である。かような説については、大陸においても論ぜられたようであるが、明恵がこれを特にとりあげているのは、この時このような説を説いている人々が居たからであろう（島地大等氏『日本仏教教学史』）。このように迷悟を時間的に考えることが誤りであることを説き、衆生の体は法身であり、妄想が相続して人の形となっているのは、本質の上に影像の現じているようなものであり、真理も生死も始なきものであることを詳しく説いているのである。

なお、この本には、在家のものが、かような偈をたもつことは、むずかしいのではないかという問を設け、これは檀那の請にこたえたもので、篤志のものを対象とすることをのべ、終りに「来世の値遇は、たゞ此生の信欲によるなり」と、信敬をつよくすすめている。明恵は、自分の行をはげんだのみでなく、信者に対しては、ねんごろに法をとき、またとくことを好んでいたといえるであろう。つとめてやさしく仮名交り文でかかれた『唯心義』は、宗光の妻などに対して、どの程度わかり易かったか、と疑うこともできるであろうが、しかし、そういう志をもってかかれていることは、感ぜられる。

宗光の妻の病を治す

さて、この宗光の妻は、こどもの時から大変感じ易いたちであったらしく、それまでももののけにつかれることがあったが、ことし建仁元年は懐妊していたので、ことに甚しかった。二月二十三日、明恵が夜もすがら読経念誦したのでもののけは去った。そこで、宗光夫妻は華厳の章疏を書写する願をおこし、また妻は善財善知識の曼荼羅をつくる費用を寄附した。この曼荼羅は、その図の様式だけを手に入れ、かねてから明恵が画師にえがかせようとのぞんでいたものであった。

善財善知識曼荼羅の書写

そこで喜海・霊典の二人が上洛し、仏師俊賀をしてえがかせた。その四幅の曼茶羅がえがかれるおり、俊賀の家に化鳥がとび来ったという。この年十一月のことであった（『漢文行状』）。

この曼荼羅の完成の供養と施主の除病の祈禱のために、翌建仁二年二月、糸野の成道寺において『如心偈』から問題をとり問答講をおこなった。そしてこの曼荼羅は東大寺の尊勝院に寄附された。その四月、宗光の妻の出産にあたり、明恵は仏眼尊の真言をとなえ香水を加持し、一度はたえ入ったのを、よみがえらせた（『漢文行状』、『大無碍義抄』下）。仏眼尊に対する明恵の信仰は、前にのべたようにあついものがあったが、この事があったためか、『仏眼仏母念誦次第』一帖をつくり、七月二日には保田の草庵において鏡智房にかき与え（『金沢文庫古文書』識語篇(二)二一〇九）、閏十月二十三日には自要のために抄している。*

上覚より伝法灌頂をうける

この建仁二年には明恵は三十歳であった。糸野の庵室において上覚から伝法灌頂をうけ、阿闍梨として他に法をさずけ得る資格をえたのは、月日は明らかでないが、この年のことであった（喜海が紀州八処遺蹟に嘉禎二年にたてた率都婆の銘による。『漢文行状』。『縁起』には年を記さない）。上覚（行慈）は、勧修寺の理明房興然の付法をうけているから（『密宗血脈抄』）、その小野流の法を伝えたものであろう。明恵は、十九歳の時、興然から金剛界と胎蔵界をうけたことがあり（『漢文行状』）、その後も個々の法をうけたことはあったことは、前にのべた如くである。しかし、伝法灌頂は叔父の行慈からうけたのである。

華厳と密教との融合の試み

なお、糸野の草庵において、九月一日夜子（ね）時（十二時頃）『華厳入法界頓証毘盧遮那字輪瑜伽念誦次第』*一帖をあらわし（『所作目録』）、九月十八日

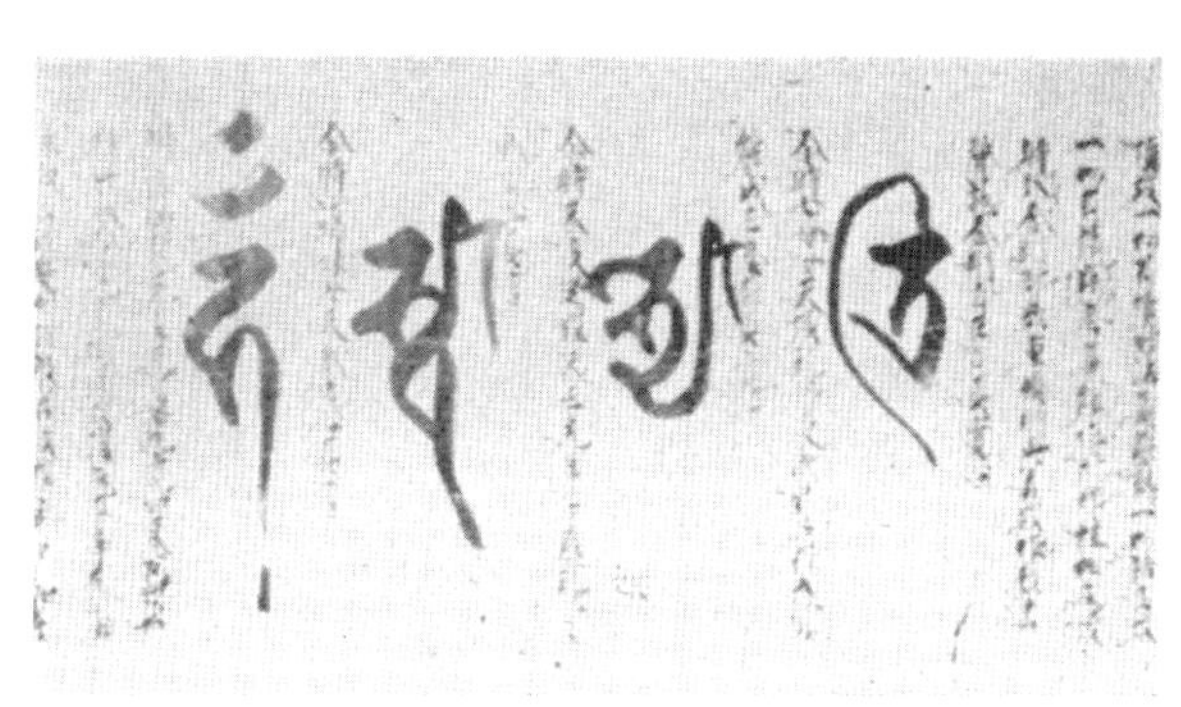

般若理趣経（明恵自筆）（高山寺蔵）
筆写年代はあきらかでないが，比較的若い時のものと思われる

から二十日の間に糸野において顕印(時に二十歳)がこれを書写し、伝授されている。また、九月四日には糸野成道寺において、『善財善知識念誦次第』一帖を自行のために書写し(『所作目録』これには三年とあるが二年か)、十月一日夜、糸野において『善財善友念誦次第』*一帖を伝授している。これらは、伝法灌頂をうけた明恵が、密教の様式により、華厳の教理を体得しようという意図のもとに試みたもので、身・口・意の三密の相応することにより華厳の教理を観じようとしたものである。これからは、こういう線に沿っていろいろな工夫を試みることになるものといえるようである。そういう密教と華厳との一致を志した明恵の教学を、石井教道氏は、厳密(ごんみつ)とよんで、その思想の始終について簡明に説明されている(同氏「厳密の始祖高弁」(大正大学学報三))。一般に密教は『華厳経』の思想を根本とし、それをインドの民族信仰の呪礼を事相(じそう)として仏教的に解釈したものによって表現したものだと考えられているようであり、この厳密という結び付きは、無理のないものといわれるであろう。

インドに渡ろうという企て

さきにしるしたように、七月に保田(やすだ)の草庵にあったことがしられるが、保田庄は糸野よりは更に有田川の下流で、その南岸の星尾に宗光の館があった（『高山寺文書』七、弘長四年二月湯浅宗業置文・『星尾寺縁起』）。宗光は石垣庄の地頭と共に、保田庄の地頭をもかねていたであろう。ところが、この建仁二年の冬、石垣庄の地頭職をうしなったので、したがって、明恵も糸野を去り、星尾にうつった。そして、星尾の館で数人の同法に対して、西天の雲遊、即ちインドの仏蹟の巡礼を企てたいという志を語った（『漢文行状』）。明恵が、慈父釈尊をしたう志は、はやくから見えているが、前年の『唯心義』にも、法身の常住と考えれば、如来の在世と変りはないはずであるが、「但し我等此理を聞くと雖(いえ)ども猶(なお)し色身(しきしん)をこゆる思ひ断えず」といって、「滅後のみなし子」となりしことをかなしんでいる。インドへの巡礼は、文治三年（一一八七）に入宋(にっそう)した栄西も志したところで、その考えをもつものがなかったわけではない。しかし、この年の冬にその企てをはじめて人に語ったことのよりどころは明らかでないが、高雄も落付かず帰るべき状態でなく、宗光の石垣庄の地頭職の違乱も、その一理由であったかもしれない。

春日大明神の託宣くだる

ところが、翌建仁三年の正月二十六日に宗光の妻(二十九歳)が春日大明神の託宣を告げ、明恵の外国に行くことをとどめたのである。その時の様子は、明恵が元久二年十二月にしるした『秘密勧進帳』、喜海が明恵の寂したのちに記録を整理してしるした『春日明神託宣記』(『漢文行状』別記)及び『漢文行状』によって、かなり詳しく知ることができる。しかし簡単にしるせば、十九日から七日の間、宗光の妻橘氏は食を断っており、二十六日の午時(うま)になり、急に神がかりになり、その夜にかけ三度も託宣をのべた。集っていた七-八十人がこれを聞いた。その託宣のことばには、春日大明神と住吉大明神が、汝を相離れず守りたいとおもうのは、善財童子を諸善知識があわれむようである。願わくは我国を去って遠く行くことなかれ、というのであった。明恵は、つつしんでこの託宣をうけ、春日社に参詣することを明神に約した。そこで、二月五日に紀州を出発して、七日に東大寺尊勝院につき、九日に参詣した。十一日に参詣したとき、霊鷲山(りょうじゅせん)において釈迦に仕えたてまつる夢を見た。十五日には、京都の今出河で涅槃会(ねはんえ)をおこなったが、その準備を覚厳がととのえた。この覚厳は、明恵の重要な後援者の一人であるが、その関係は明らかでない。その後二十日に紀州に帰り、二十二日に再び明神の託宣があり、明神の神像をえがくことについて明恵と問答した。二十五・六日に再び春日参詣、二十七日には笠置寺に行き、解脱(げだつ)上人(貞慶)と対面し、見参(けざん)の悦びに秘蔵の舎利を渡されて、翌日去って春日に参詣し、大明神の現ずる奇瑞があった。その後、四月九日、仏師俊賀をともなって紀州にくだり、星尾で、両大明神の神像をえがかしめた。そして四月十九日にいたり、崎山良貞の館で、その開眼供養がおこなわれた。以上のことは『託宣記』により、明恵の行動の外側だけを見たもので、明神の託宣に対する明恵の感動やいろいろな夢想などについては、これを省略した。喜海は、「かの御託宣正本の記は、上人存日のとき破却せられ畢ぬ」とするし、しかし見聞したものが黙っていては、有縁の人に信をすすめることにならぬから、ひそかにしるしておくのである、ということを最後にのべている。見聞した人々の感動の大きかったこと、この降託が明恵の徳のあらわれであると考えていたことも知られる。その例証として、宗光の子の宗業（沙弥智眼）が、その館跡を寺に改め、後代に寺として存続することをはかった置文にも、春日大明神の降託の聖地であるということを、理由としていることもあげられる。

『託宣記』に見える明神のことばの一節に、「我は殊に御房の腹のうちより守りたてまいらせて候へば、この翁は御房にをいて養育の父なり」とある。湯浅氏は藤氏であるので、明恵の母が湯浅氏であったことに関していわれたのであろう。また、同じく託宣に明恵が王城辺か南京に居住すべきであるということがあるが、これは明恵が南都系の仏教をになうべき人材であることが、人々の間に考えられていたことを反映していると見ることもできよう。この降託を、おもにこの意味でなされたものと見る考え方もある（圭室諦成氏『日本仏教論』）。なお、貞慶（じょうけい）は、通憲入道信西（しんぜい）の孫で、貞憲の子、興福寺の学僧で名高く、多く人々の帰依をうけたが、建久三年（一一九二）二十八歳で笠置寺に隠遁し、その高い風格を仰ぐものが多かったようで、この年には四十九歳、明恵よりは十八の年長で、やはり南都仏教の代表者の一人で、このころさかんになってきた法然流の専修念仏が阿弥陀仏中心の信仰を普及させたのに対し、釈迦に対する信仰（弥勒菩薩の兜率天への上生の信仰を伴う）を説き、実践した代表者でもあった。勿論、明恵は、これまでも貞慶に会ったことはあったであろうが、ここにそのことが史料の上に明らかに見えるのは、注意されるのである。『明恵上人和歌集』に、次の和歌の贈答が見える。

貞慶との贈答

解脱上人の御もとへ、花厳善知識のまむたら（曼荼羅）かきておくりたてまつり給けるついでに

善知識かきたてまつるしるしには解脱の門にいらむとぞおもふ

返

善知識あきらけき恵のひかりをぞまことの道のしるべとはせむ

これは、善財善知識曼荼羅のことが見えているから、このころのことかと考えられる。貞慶とは、こののち、かなりふかい交わりをむすぶようになったらしい。

『舎利講式』をつくる

この年八月八日、保田において『十無尽院舎利講式』一巻をつくった(「所作目録」)。十無尽院は、さきにものべたように、神護寺のうちにあったものをいうのであろう。これは、のち建保三年につくられた三段のものと区別してこうよばれたもので、七段からなっていた。

紀州における法会

翌建仁四年(二月二十日元久と改元)正月二十三日、多喜四郎重保の妹の一週忌にあたり、その生前かねて明恵のために発願していた『八十華厳』の書写と婆娑陁天(ばさだ)(八十経六十八巻に、善財童子の善知識として出ているバサバエンティ主夜神、即ち春和夜神で、春日神との一致が考えられた)の図像とが完成したので、その供養の導師をつとめている。重保とは、前に淡路島に渡ったことがあり、したしい関係だったらしい。二十九日には、糸野で春日神講をおこなった。法楽として『五教章』を夜もすがら読誦した。このときには、宗光は糸野の館に帰っていたが、なおその地頭職は安定しなかったらしく、宗光の妻は大明神の託宣とも聞える態度で、一族のために祈請することを願った。そのころ、文覚が、明恵の上洛をしきりに求めてきたので、二月五日に出発し、途中の雄山の地蔵堂に宿ったとき、乗馬が京都に向うとすすめなくなるという夢想があり、ひきかえした。ところが二月十三日に文覚が対馬国に流されたということを後に聞いた（『漢文行状』。前にのべた如く、これは前年のことかもしれない。）。

涅槃会をおこなう

二月十五日には湯浅の石崎の宗景入道（宗重の長男「太郎湯浅庄司」と湯浅一門系図に見える）の館において涅槃会をおこなった。明恵は十一－二のころからこの日を特に慈父釈尊を追慕する日としてすごしてきたのであるが、弟子をも交えた儀式としての涅槃会は、これよりさき糸野において初めておこない、一本の木を菩提樹とさだめ、瓦石をならべて金剛座になぞらえ、率都婆をたてて、摩竭提国伽耶城辺成仏宝塔と称し、一夜不断の釈迦宝号をとなえたという（『縁起』）。さて、湯浅の館での涅槃会では、昨年つくった『舎利講式』を、自ら涅槃像の前で読誦した。その第二段の「恋慕如来涅槃門」の「青蓮の眼はとぢてながく慈悲の微咲をとゞめ、丹菓の脣もだしてついに柔軟の哀声をたえにき」と、涅槃にはいる様子をのべたところにいたると、悲泣感動のあまり声をたち、息もとどまるかに見え、よむのをやめてしまった。そこで喜海をしてよみつづけしめたのであった（『漢文行状』）。

この元久元年の何月かは、わからないが、湯浅一族の有田郡一帯に及ぶ地頭職が一旦うしなわれ、一族のものが関東にめしくだされた。この事情は明らかではないが、『縁起』には、勅勘によるとしているから、さきに文覚が勅勘によって流されたことと関係があるかもしれない。宗光が承元四年（一二一〇）二月十日、阿弖川庄の地頭に補され、承久元年（一二一九）熊野神人の訴えにより流罪になり、宗成

（業）が所帯を知行し、同三年閏十月、再び宗光が還補され、阿弖川庄・保田庄・田殿庄・石垣河北庄の地頭職を安堵されたことが知られる（『高野山文書』六ノ一三九四号）。承元の頃から、保田・田殿・石垣河北の諸庄の地頭職をもっていたことが考えられよう。

神谷の後峰にうつる

明恵は、糸野・保田における宗光の保護をうけることができなくなったので、石垣庄とその東の田殿庄との境をなす鷲峯のふもとに草庵をかまえ、大明神の前に不断華厳経を同行をして転読せしめ、三時の行をおこない、また大仏頂法を修し、そのした一町ほどのところに片羽舎（仮屋の意か）をかまえた。このときには、義淵房霊典が給仕した（『縁起』『漢文行状』）。ここは神谷寺の上十四―五町のところで、神谷後峰とよばれ、喜海は嘉禎二年の率都婆銘に、大仏頂法を修したところとしるしている。大仏頂法は、息災のためにおこなわれるものというから、一族の所領の問題が解決することを祈ったものといえる。

しかし、ここには長くとどまるべきではなかったのであろう（神谷別所で四月十四日に『大仏頂咒回向文』を書

槇尾にうつる

写している。村上氏、中野氏元久元年条所引）。九月三日には槇尾(まきのお)に移っている（『漢文行状』高山寺蔵『夢記』断簡）。神護寺槇尾房に還住(げんじゅう)したと『夢之記』にはしるしているから、槇尾は神護寺のうちで、栂尾との中間である。そして十一日から学問をはじめ、一両の同行と、香象（法蔵）の『密厳経疏』をよみはじめた（『夢記』断簡）。おそらく高雄の本寺は文覚の配流で荒れていたので、槇尾に移ったのであろう。

養父崎山良貞の病死を見舞う

ところが、十一月、幼少のころ両親に代って養育の恩をうけた崎山良貞が病気になったので、見舞うために紀州におもむいたが、十二月十日になくなってしまったので、中陰(ちゅういん)の間は、宮原のその子宗貞の館にとどまっていた（『漢文行状』）。

再びインド行の計画をたてる

しかし、有田郡の湯浅一族の地頭職は、とりあげられたままであり、高雄もまた中絶のありさまであったから、おちついて聖教をよむことができるところがなかった。そこでインドにわたろうということを、ふたたび企てたのである。五―六人の同行と共に出かけようと、本尊・持経などの準備をしたり、唐の長安から天竺の王舎城にいたる路次の里数・日数を計算してみたりしたのである。ところが、天竺にわたる計画について数日相談すると、明恵は重病になり、殊に行くことにきめようとすると、非常な苦しみを感ずるという状態になった。そういううちにも、幼い時から顕密の聖教を学んで来た本意は、釈尊にねんごろな恋慕をこらし、西天の遺蹟に雲遊の志をとげようがためであった、などと述懐した。しかし、あまり苦痛がはげしいので、春日大明神がとめているのではないか、という考えから、わたるべきか・べからざるかというくじを本尊釈尊・善財五十五善知識・春日大明神の三所の前において祈請したところ、わたるべからずというくじのみ残ったという。そこで、身命を惜まずわたろうとした志を、思い切ったのである。右のような二度目の渡天の企てが計画され、中止されたのは、何処でのことであったかは『漢文行状』には明らかにしるされていないが、宮原の館に二年の正月一杯ほどは居たであろうから、そののち紀州（或は宮原の館）においてのこ

上覚に対する手紙

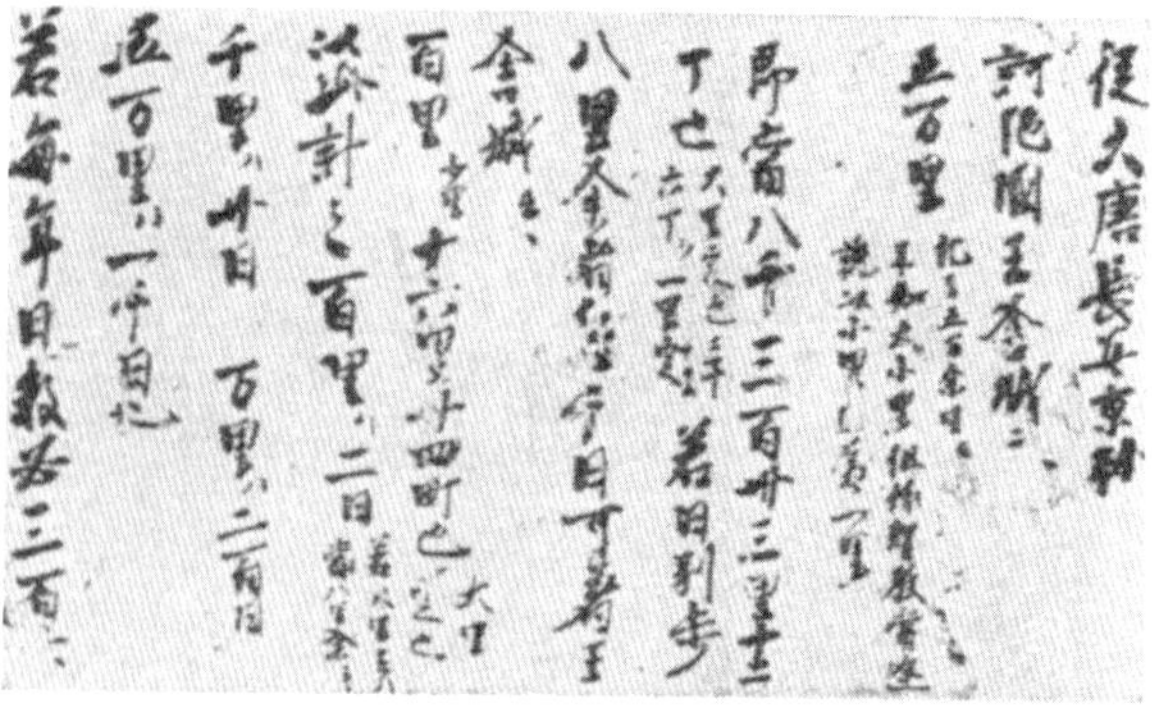

（高山寺蔵）

従大唐長安京到□
訶陁国王舎城
五万里（記云、五万余里云□ 不知大小里、但依聖教常途 説以小里定為一里。）
即当八千三百卅三里十二
丁也。（大里定也。三十六丁一里定。）若日別歩
八里余者、経千日可着王
舎城云々。
百里（少里）十六里廿四町也。（大里定也。）
以此計之百里ハ二日、（若大里ナラハ当八里余云々。）
千里ハ廿日、万里ハ二百日、
五万里ハ一千日也。
若毎年日数必三百六
十日ナラハ、正月一日出大唐
長安京至第三年十月

とではないかと思われる。

この元久二年には、明恵は三十三歳であった。九月十九日付で上覚（充名はないが、文意からそう考えられる。上覚は、鎮西から帰っていた）にあてた長文の自筆書状（『神護寺文書』）は、「既に三十三歳に罷

印度行程記

十日可致着王舎城也。

印度ハ仏生国也。依恋慕之思難抑、為遊意計之、哀々マイラハヤ

若日別歩七里一千百三十日可致、即第四年二月廿日云々。若五里ナラハ第五年六月十日午尅可着、数一千六百日也。

成候了(おわんぬ)」とあるから、この年のものである。

この消息は、鎮西の流罪から帰った師から、おそらく高雄に帰ることを求められたのに対する返事で、それをことわる理由として、義林房（喜海）らに、華厳の章疏をよみわたそうという志をもってやりかけているが『探玄記』二十巻（賢首大師法蔵の六十華厳の註）『大疏』三十巻、『演義抄』四十巻（ともに清涼大師澄観の八十華厳の疏）、『刊定記』三十巻（慧苑の八十華厳の疏）、『貞元疏』十巻（澄観の四十華厳の疏）の都合百三十巻を講じようとして、全部終ったのは『探玄記』だけで、『演義抄』は二十余巻、『大疏』は少し終ったが、そのほかは手をつけていない。もう二年もかかる予定であるとのべている。そして、現在の気持をのべて、

此の世間、電光朝露のごとく候の上、一身または流浪相続の間、今に所願（喜海らに華厳章疏を講ずること）を果さず候。日夜に憂愁極まりなく候。定めて思召出候らん、御山（神護寺）騒動の中間にも、いかにも成らしめ給て候はん時も、東大寺の辺に住候て、この学文の果を遂げ候て、御報恩と存候はんと申候き。此事を遂候ひなん以後、聖教をも義林房（喜海）等に申付候て、御辺にも給仕し候ひ、又紀州の山中にも乞食なんどして候はゞやと思候。先年紀州山中に居住仕候て、所願を遂ばやと思候しも、地頭騒動（昨元久元年のこと）に依て罷出で候了んぬ。かやうに流浪仕るの間、日を運び月を累ねて、既に三十三歳に罷成り候了んぬ。自

今以後を励み候て、早々功を終るべく候。

とのべ、また「凡そ師にも同行にも、思ふ様に随逐しまいらする事候はず、修学二道の果、又成じ難く候へば、かやうなる物の身をも投てしぬるにこそ候めれ」と行きづまってしまった気持をのべている。そして、それをうち開く途として、常在霊山の文（法華経寿量品）に思いをかけて、天竺などに向って命をすてたいと思うが、不覚の身にては成りがたいとのべ、玄照の天竺にわたった事蹟を想い（『大唐西域求法高僧伝』の文を引いている）大国聖代の人でもあのようであったのであるから、「修学二道の果、成じ難く候はゞ、たゞ釈尊の名号なんど念じ、一経一真言に思をかけ候て、流沙、葱嶺とかやにも向てしなばや、なんど思候事のみに候。一念も人にまじわり候はんとも存ぜず候。それを高家にて（自負して）かくても候に候。」と西天にわたる志をなお捨て切っておらず、高い調子でのべているが、つづいて「さは候へども、人よりも命もおしく、人よりも不覚に候へば、他人はし候とも、成弁はえしげも候はず、たゞ万事あはれに、あぢきなく候まゝに、つら〳〵思ゐて候事を申上候許り（ばか）に候」とそういう理想の実現すべきもなきことを諦（あきら）めている。（この春、『里程記』をかいてまで準備したが、実行できなかったのである。）そこで、今はこの学文の事（喜海らに対する講経）をなしとげて、生々（しょうしょう）世々（せぜ）の思い出としたい、もしこれをなしとげれば、

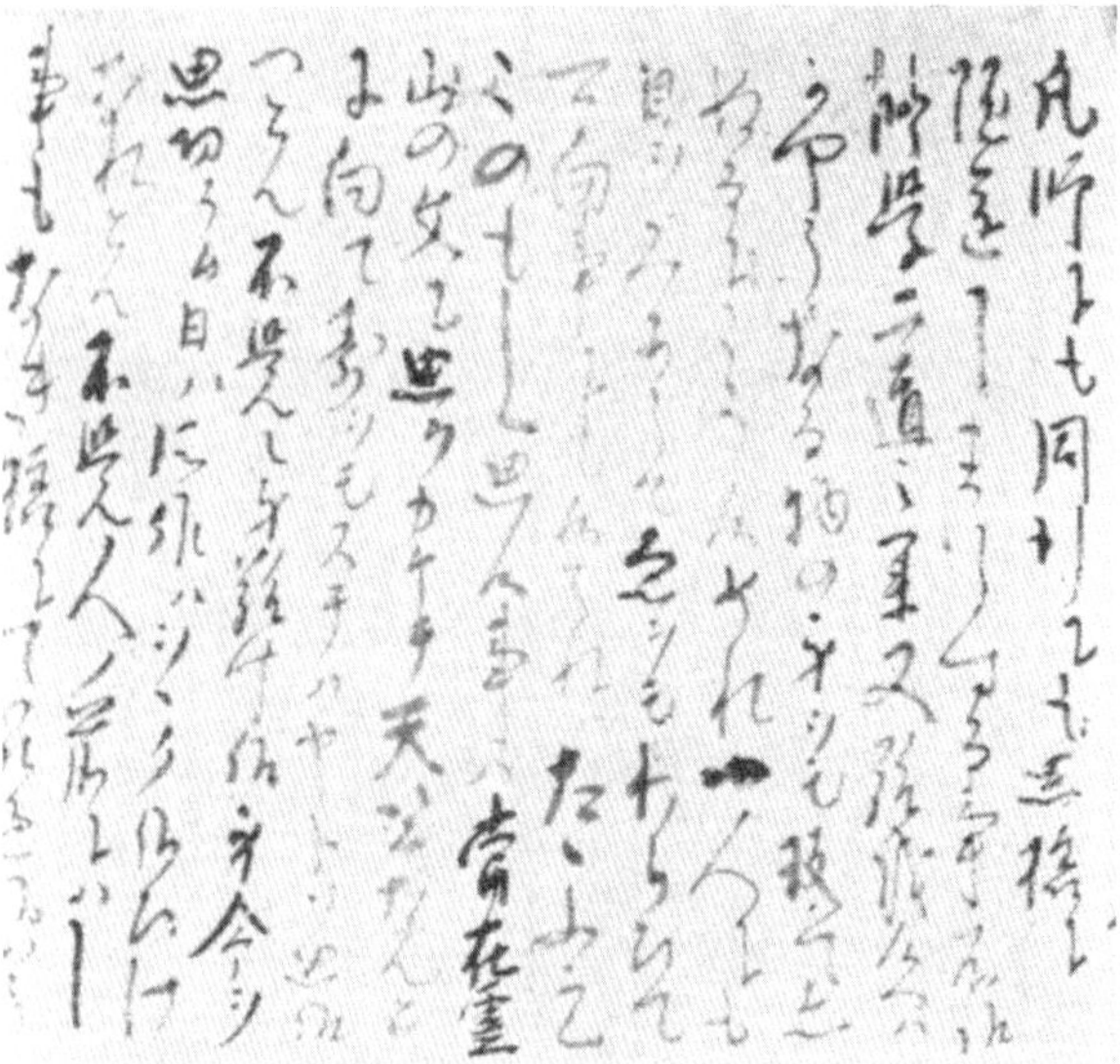

息　（部分・巻尾）（神護寺蔵）

「若し能く是の如く解（げ）すれば、彼の人真仏を見る」（『六十華厳』、夜摩天宮菩薩説偈品第十六）という句もあり、釈尊の教法に値遇（ちぐう）することは、まことの在世と同じであるから、如来滅後の恨みをもやすめ、父母・師長の恩徳をも報じたてまつらんと存ずるとのべ、師から書いて与えられた十楽の文（『八十華厳』十廻向品のものか）は、文殊大智の底に徹し、普賢行願

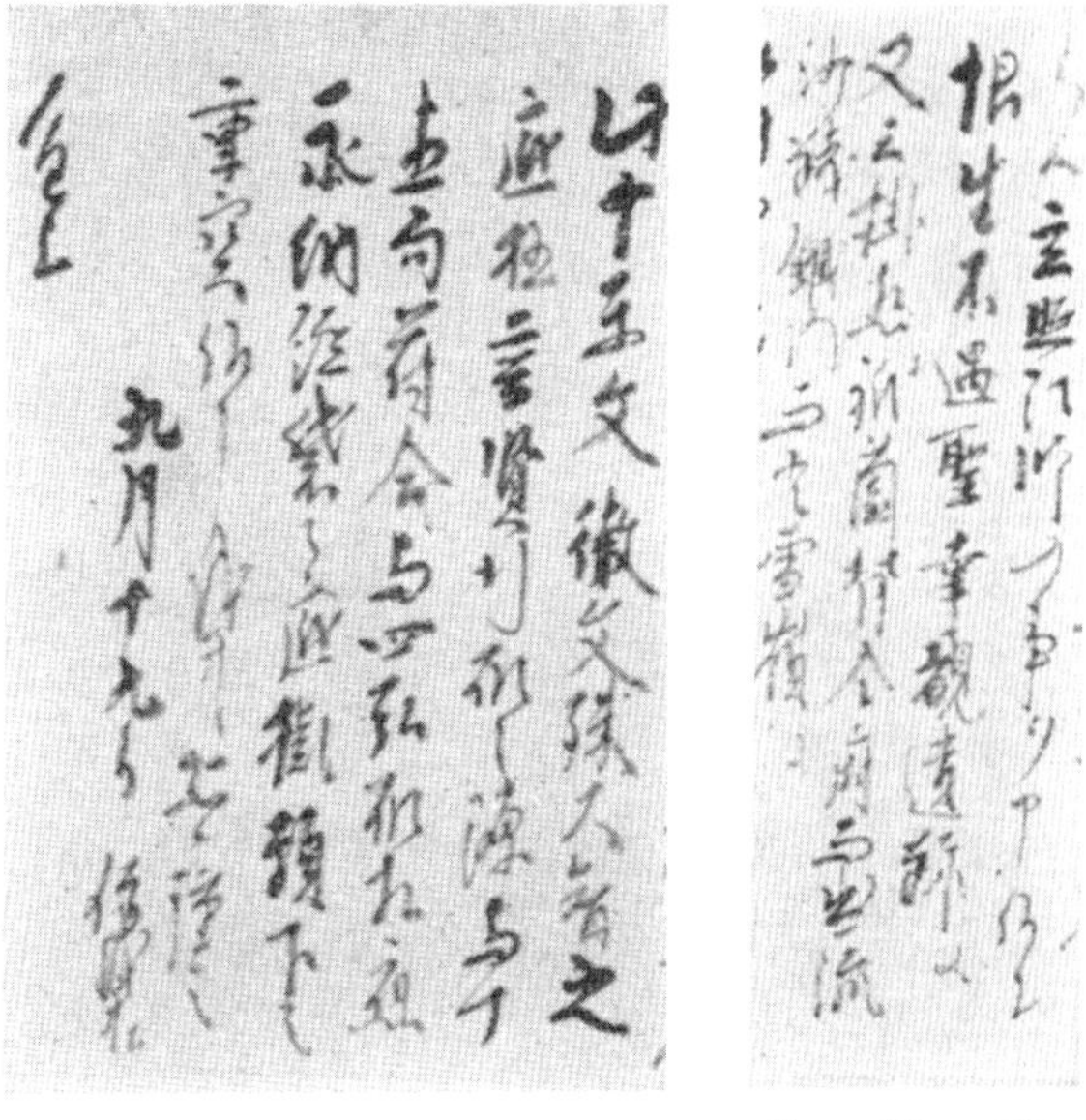

自　筆　消

の源を極め十尽の句(同十地品)と符合し、四弘の願と相応するものであるから、ながく経袋の底に納め、頸下の重宝に擬したいと、むすんでいる。明恵は、首に経袋をかけており、そのうちに経文やその抜書を入れていたのであり、かの『里程記』もこれに入れて携帯していたという(『漢文行状』)。いずれにせよ、この消息は、環境からいっても、学問修行からいっても、行きづまっており、かなり激しい感情の波が去来していたことを物語るもののようである。

槇尾にうつる

しかし、この手紙にかいたように、紀州において講経をつづけることをしなかったのである。十月十一日は、槇尾において宝楼閣法(亡者得脱のための法)をおこなっているから(『夢記』。『漢文行状』には夏の頃槇尾に還住とあるけれども、冬の誤りではないかと思われる)、ああした気持から一転して京都に帰ることになったのであろう。そして、十二月には、『秘密勧進帳』を草し、建仁三年正月の降託の有様をのべ、大明神像を安置すべき伽藍をたてたいという願をのべたのである(『漢文行状』附録)。

宮原氏の病を見舞う

その翌三年も槇尾に在ったらしいが、五月の初めには紀州の宮原光重夫妻の病を見舞い、その五日に加持温病法を修し、効あり、十一日『加持温病法』*一巻を抄している。しかし、間もなく槇尾に帰ったのであろう、五月二十日には、槇尾で有田郡立て直しのため、即ち地頭職の回復を祈って、宝楼閣法・大仏頂法・仏眼法などを始めている（『夢記』）。そして六月二十日には神

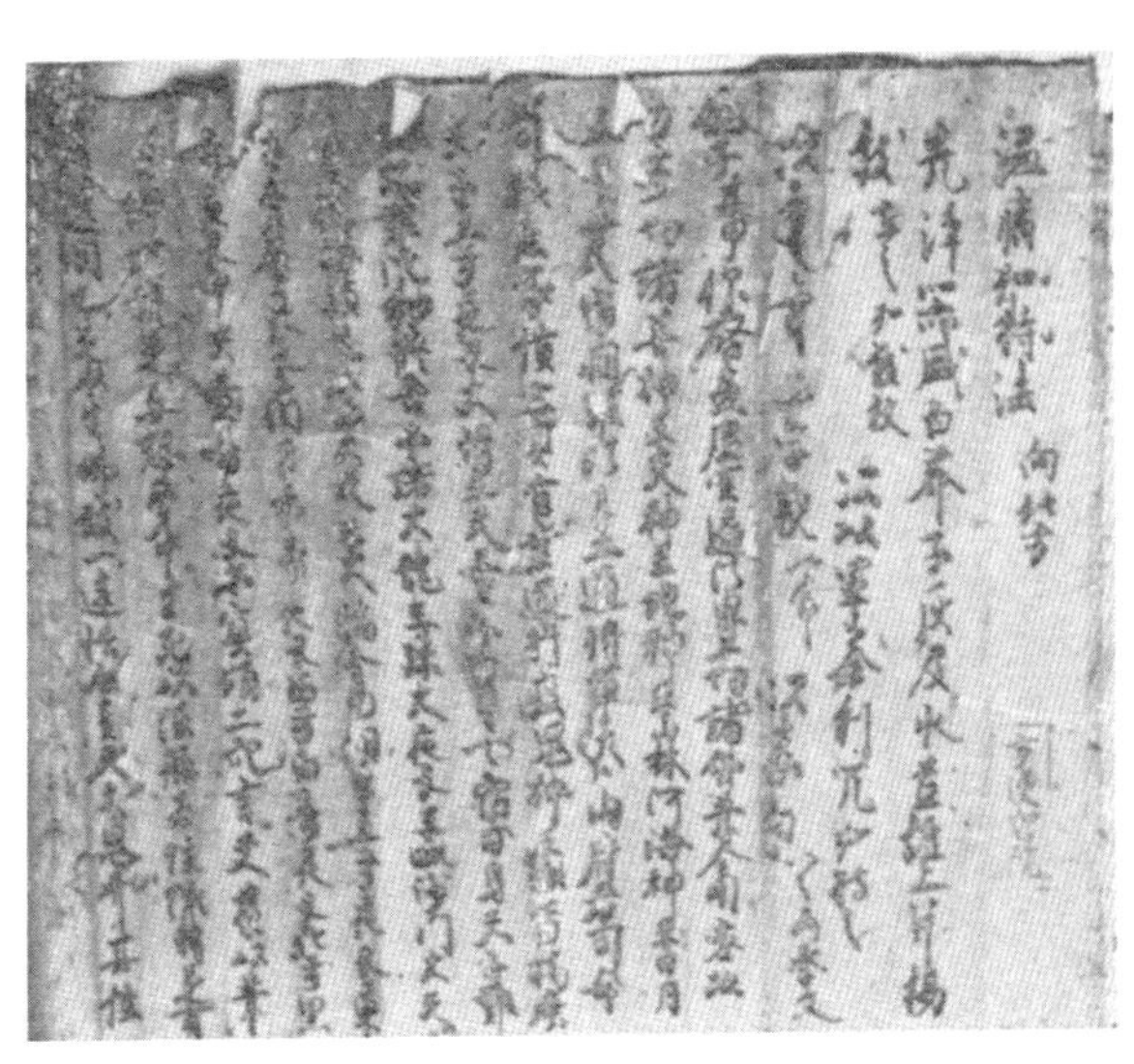

温病加持法（巻首）（高山寺蔵）

護寺槇尾房において『仏眼*』一巻を書写し、『弥勒法界印事*』をしるしている（「御口伝」『真聞集』本所収）。その後、七月三十日に紀州保田の星尾近辺の方家（片家か）において喜海に対して『法華経義疏』（吉蔵撰）を講じている。喜海をともなってまた紀州にくだっているのは、湯浅一族との深い関係を示すものであろう。疫病や地頭職違乱の問題で、心をなやましていたことが考えられる。

四　栂尾に入る

栂尾別所の開創

明恵が晩年にしるした置文の草案（年月はないが、晩年のものであろう。写。）の巻頭に次のようにのべている。「梅尾（とがのお）別所は高尾寺の一院なり。本山牢籠（ろうろう）の時、故本願上人御房（文覚）御草創の堂舎等、皆以つて荒廃す。是において高弁（明恵）、一両の同法の勧進により、隠岐法皇（後鳥羽院）並に本山別当・衆徒等に申請し、別所となす。」（『高山寺文書』一）即ち神護寺の一院ではあったけれども、荒れはてており、文覚が若干の堂舎をつくったが、それも正治・建仁の文覚流罪による高雄の苦難に際して荒廃してしまったので、その復興を計り、同法の勧進により後鳥羽院と本寺との許可をうけ、別所として公認をうけた、というのである。『漢文行状』『縁起』によれば、これは建永元年（一二〇六）十一月のことで、後鳥羽院の院宣により華厳宗の興隆のために賜わり、高山寺と号したというのである。

もともと二十六歳の時、文覚から栂尾に住して華厳の興隆をはかるようにすすめられたのであり、その時に栂尾に住したかどうかは『行状』では明らかでないが、明恵がなくなる直前に草した置文（寛喜四年正月十一日付『高山寺文書』）には、「愚身、壮年の昔より師に辞し衆に違して思を山林に懸く。然して高雄窂籠のころ、師命によってなまじいに本山を領す。数輩の衆は辺土に居住す。数年以後またこの衆を遠離（おんり）して、閑居の地を求む。当山（高山寺）無人の昔、因縁あるにより一身閑居す」といってあり、高山寺にただひとりで住していたこと

高山寺、開山堂への道

があるというのである。この独住が何時のことをいうのか、明らかではないが、高雄の窄籠というのが、正治元年からの文覚の流罪一件をさすとすれば（数輩の衆の辺土に居住すというのは、喜海らと紀州に住したことをさし、明恵はその衆をはなれて閑居をもとめたのであった。）、数年の後とするのは大体のことをいうものとして、この建永元年の時のことをさすものかと思われる。

栂尾十無尽院に移る

『夢之記』によれば、「建永元年十一月、院より神護寺内栂尾別所を賜ふ。名づけて十無尽院といふ」とあり、この栂尾別所が十無尽院とよばれていたことを知る。そして、十一月二十日から二十六日までは、九条兼実の邸において宝楼閣法を修し、その結願ののち二十七日に栂尾に移住し、十二月一日から行法を始めたこと、その行法は宝楼閣法を朝夕の二時におこない、仏眼法を後夜におこなったことなどを知ることができる。右のような、後鳥羽院々宣による明恵の栂尾別所の移住は、「一両の同法の勧進による」といわれているが、その一両の同法とは果して誰々であったかは、もとより明らかでない。しかし、この後の高山寺の発展の事情から考え、藤原長房（この時は参議。後鳥羽院の近習の臣の一人といわれ承元四年〈一二一〇〉九月出家、慈心房覚真）の力も大きかったと見ることはできるであろう。

東大寺尊勝院の学頭となる

翌建永二年（十月二十五日承元と改元）の秋、東大寺尊勝院の学頭として華厳宗を興隆すべき由の院宣をくだされたので、一－二年の間、春秋二期、伝法の談義のため東大寺に下向した（『漢文行状』）。一旦は見切りをつけた東大寺ではあるが、公けの命令であり、出かけたものであろう。この年六月二十七日、高山寺十無尽院において明恵房阿闍梨御房に対し、同学浄悟房が『探玄記』第十五を専ら談じたという喜海の奥書があるから（『手鏡』所収）、この時、明恵が高山寺に居たことがわかる。

崎山の屋敷を寺とす

承元二年四月二十九日『宝楼閣陀羅尼念誦次第』*一巻を高山寺住房に書している。しかし『漢文行状』によると、この冬、栂尾にはいささかその煩いがあり、紀州に行き、崎山良貞の後家尼（ごけあま）が寄進した田殿庄の内の崎山の屋敷を寺とし、三間一面の小庵をつくり、同行たちはもとの屋敷に住したという。しかし、十二月に帰っていることは、『和歌集』に、常陸入道契忍がこの年極月（十二月）高尾（栂尾も含んだ意味如何）の住房に来り、和歌の唱和をしたことが見えていて知られるから、栂尾の故障も大したことではなかったであろう。

栂尾は、なおささやかな庵しかなかったものでもあろうが、承元三年にも紀州に下っているのである。それは、六月三日に、明恵の手紙が九条道家の許（もと）につき、かねて六月の御産に参り会えという御話であったので、紀州から只今帰ったが、すでに御産（五月二十二日竴子出生）平安の由、御よろこび申上げるといって、和歌を添えたということで知られる（『玉蘂』、『和歌集』）。なお、この年の動静は、『和歌集』に見えている。六月十九日には石清水八幡宮に参詣し、別当幸清（こうせい）のもとで月を仰ぎながら人々と仏道を談じ、和歌の事に及び、明け方には前別当祐清（ゆうせい）のもとにも寄り、七月六日には幸清のもとに歌をおくっている。七月十六日夜には、高尾の住房において、曇る空に月をしのび、

九条道家に出産のよろこびをいう

石清水八幡に詣で和歌をよむ

いでぬらむ月のゆかりとおもふにはくもるそらにもあくがれぞする（くえをイ）

秋の夜もいまいくばくの月かげをいとうらめしくをしむ雲かな

とよんでいる。七月二十二日には民部卿（承元三年正月十九日民部卿にうつる）長房のもとに、かねてより尊勝院に所領をつけ華厳の教えをおこそうという院宣がくだされるとの噂であったが、そのことがのびているので、たずねてやった（『和歌集』）。

『金師子章光顕抄』を長房のために著わす

承元四年三十八歳となった。その正月、『演義抄』の講義が熱心につづけられ、喜海は毎日明恵の庵室に行き、万事をなげうって聴聞（ちょうもん）した（『漢文行状』）。四月に熊野詣の途中の長房に白方の宿所で会い、長房の年来の希望であった『金師子章』（法蔵が則天武后のために華厳教理の要をのべたもの）の註釈をつくることを重ねて依頼されたというから、紀州に行っていたのである。この年二月、宗光に阿弖川（あてがわ）庄地頭職（しき）が安堵されたから（『吾妻鏡』）、そのほかの地頭職もこのころには旧に復したであろう。明恵もよろこんだことであろう。六月十七日には崎山草庵で喜海に講義をしている（金沢文庫本『大華

高弁の名のはじめ

厳経疏』奥書）。そして七月五日、崎山の草庵で『金師子章光顕抄』二巻をあらわした。なお、この書の奥書に「花厳宗沙門高弁」とあるのが、高弁の名の史料に見える初めである。

　この書は、『金師子章』の本文に即して十玄・六相など華厳の教理（法蔵の説いた所の）を簡単に説いてあるが、断惑成仏（だんなくじょうぶつ）の問題と生仏不増減（しょうぶつふぞうげん）の問題とは、長房の望みもあり（そこに長房の宗教的関心の在りかたも知られる）、詳しく説いてある。前者は実践についての論で、華厳の教理からすれば惑を断ずること一断一切断で、一人が断ずれば一切の衆生が断ずることになり、一人成仏すれば、一切の衆生が成仏することになるという通説に対して、成仏についてはその通りであるが、惑を断ずるのは一人についていうことであり、無尽の煩悩（ぼんのう）を断ずるということは成仏の如く絶対ではないとするのである（この点、実際の修行を志していた明恵の面目がある。島地氏『教学史』参照）。後者は、衆生が成仏することにより減小し、仏が増えるかどうかという問題であり、「衆生界を況するに虚空（こくう）界の如し、設（たと）ひ一鳥虚空をとびて西より東に向って百千年を逕るに、終に東は近くして西は遠しと説くことを得ず」（『起信論義記』）という喩などをひいて、虚空無辺を説き、有限の心を以て無限の法を測るべからざることを説いている。

喜海に対する華厳章疏の講義を完了する

さて、九月十五日亥時（午後十一時頃）喜海に対する『大疏演義抄』一部の講義が完了した。正治二年の冬から十一年間かかり、殆んど一所に住しなかった師弟が、経論疏抄を背負って歩き、全七十巻（明恵のいうところによる）を講じつくし、聞き終えたのである。「往因を顧み、当果を思い、感涙筆と倶なり。唯願くは、正に金剛の種子として、当来華厳海衆に会することを得んことを。喜海法師同じくこの門に入り、倶にこの願を発すと云々。華厳宗非人高弁これを記す」と、自ら所持した『大疏』の奥にしるしたという（高山寺蔵識語*『漢文行状』所引）。

崎山草庵に居る

九月二十四日には、崎山草庵において『大宝広博楼閣善住秘密陀羅尼念誦次第*』を草している（秋山大氏旧蔵）。そのころは崎山に居たのであるが、冬には高山寺にもどった。即ち十二月二十四日、右の次第に高山寺住房において点を加え終っているからである。『漢文行状』にも、冬のころ上洛し、一―二の同法と栂尾で修行したと見えている。

高山寺に同法集る

その翌建暦元年は栂尾に居たらしい。八月十二日、『起信論義記』(法蔵撰)を栂尾において浄観房に講じている。この年七月から八月にかけ高山寺において、明恵の勧進のもとに『八十華厳』一部の書写が、同法の手によりおこなわれた。その同法には、霊典(義淵房。高雄時代よりの久住者)・覚舜・行弁(浄見房。入宋して一切経を渡す)・成忍(恵日房。樹上坐禅明恵像などの筆者として有名)・聖範などの名が奥書に見えている。次第に高山寺に同法が集りつつあった様子を考えることができる。

九条道家の邸に行く

また十月一日には九条道家邸に行き、五十五善知識像を見せて、法談をやや久しく行ったことが、道家の日記に見えている(『玉蘂』)。兼実の死ぬ前年(建永元年)十一月に行き修法したことが、九条家との交渉の初めて史料に見えているものであるが、その後、つづいて帰依をうけたもののようである（明恵の寂した時に道家がささげた敬白文に、「十四歳以来、二十七年の間、常に浄戒をうけ法文を談ず」とある（『定真備忘録』）。道家の十四歳は、建永元年となる）。

『摧邪輪』の著作

建暦二年の正月二十五日、法然がなくなり、その著『選択集』が、九月に至り出板され、明恵もこれを読み、直ちに『摧邪輪』三巻を、十一月二十三日にかきあげたのである。明恵は、数年前、紀州から上洛する途中で、藤代の王子において、そこに籠っていた老僧が、専修の文集という題をかいた、四―五枚の本を持ち、人々に勧進していたのに出会った。その本は善導の釈を引いて専修念仏を説いたもので、明恵らは不思議な議論のたて方である。聖教にうといものがかいたのであろうなどと、評判し合ったのみであった。ところが『選択集』を開いてみると、論旨はぴったりと一致していた。そこには、経疏をこまかにひいて学問的な態度でかかれてあるので、それを相手に議論できるものであった。

そこで、明恵は、ある所での講経説法のついでに、『選択集』のうちにおいて、

㈠菩提心を全く要らぬとして、一向専修の称名念仏を説き、㈡聖道門（念仏以外の教）を群賊にたとえて非難している、という二つの点について批評を加えたことがあった。その明恵の議論が、専修念仏者の方に伝わり、かれらが論争に来るという噂さがあった。そこで、かれらに答えるために、急ぎ『摧邪輪』をあらわしたのであった（『行状』）。したがって、初めは公けにするつもりはなかったが、翌建暦三年（十二月九日建保と改元）三月一日になり、漸くこれを流布させることに決し、某貴族（高命を蒙るによって進上す云々）の求めに応じてこれを送っている（『摧邪輪』跋）。

専修念仏の流行

明恵が、有田郡において修行を熱心にこころみていたころから、専修念仏は次第に普及し、名もない念仏者が、法然の教えといって説くようになったらしく、元久から承元にかけては、専修念仏が社会にひろまって行くことに対する旧仏教側の反撥から、専修念仏停止（ちょうじ）の運動がおこなわれたことはいうまでもない。興福寺の専修念仏停止の奏状は、かの貞慶がかいたといわれているのであり、明恵もこの事態に対して積極的な関心をもっていたことは明らかであろう。『摧邪輪』は、明恵の著書のうちでも長いものの一つであり、その要旨をのべるのはむずかしいが、要するにさきにあげた二つの点につき、一々『選択集』本文の問題にある個所を引き、それを善導その他浄土教家の疏文をおもに引きながら反駁したものので、いずれかといえば、前者、即ち菩提心を無にすることに対する反駁が熱心になされている。それは、明恵が華厳の立場に立ち『華厳経』では菩提心を最も重く見ていることからいっても当然のことである。しかし、明恵は、善導の『観経疏』を素直によめば、『選択集』にいうように、菩提心を諸行の一つにするようなことにはならないともいっているのであり、『選択集』と善導との相違をもっている。もとより、念仏往生の行を非難するわけではない。そして、「汝はこれ一切衆生の悪知識なり」などというはげしい言葉をつかっているが、例えば積極的に菩提心を説くために、汝は菩提心があるかという反問を設け、これに答えて、

『摧邪輪荘厳記』を著わす

「たとひこれなしといへども、かくの如く知る、これ正見なり。すでに正見あらば、欣ぶべきを欣び、厭ふべきを厭ふ。菩提心はこれ仏道の正因と知るが故に、念々にこれを愛楽す。汝が所立はこれ邪道と知るが故に、念々にこれを厭悪す。終に必ず菩提心を増長し、無上仏果を成ずべし」（下巻）とあるが如き、明恵の烈しい気持が、うかがわれる。晩年の述懐に、「我は天性として、僻事のわびしく覚ゆるなり。『摧邪輪』の制作も、其心のとをりなり」（『却癈忘記』）とあるが、まちがっていると思ったことに対して見すごし難く思ったのであろう。更に建暦三年六月二十二日に『摧邪輪荘厳記』一巻を栂尾においてあらわしたが、これは、おだやかに前著の論の足らない点を補足するふうのもので、教相についての詳しい論であるが、終りに、深智あり戒徳あり、世間の福田として貴賤に恭敬されて来た上人（法然）を非難するのは、この人が仏法を破滅する大邪見をいだき、獅子身中の虫が還って獅子の肉を食うが如く、外正内邪は真実心の治すところ、往生の能障であるからであると説いてある。『選択集』が公開されなかったうちは、法然その人の徳行と諸国に急に流行した専修念仏との間に、はっきりした結び付きを、明恵らは見出し得なかったものの如くである。

『摧邪輪』の反響

『摧邪輪』は、念仏者の間にもよまれたらしい。例えば、親鸞が「浄土の大菩提心」（『正像末法和讃』）といっていることなど、この書を読んだからではないか、と考えられる。更に親鸞の『愚禿鈔』は『摧邪輪』のあげた二つの問題点に、そのまま対応するものであると論ぜられている（武生護氏「『愚禿鈔』の問題と『摧邪輪』の所論」（『真宗研究』四、昭和三四））。また、『摧邪輪』に対する念仏者側の駁論も、その後つくられた。信寂・覚性・了恵の著作が、それである（了恵の二著は現存。大屋徳城氏「創立時代の浄土教」（『日本仏教史の研究』三所収））。

紀州に下向する

さて、この建暦三年九月二十九日、紀州の白崎に渡る途中、島の洞窟（先年一族と共に数日礼拝した）で海中の衆生のために、光明真言・尊勝陀羅尼などを、人々をして誦せしめ、釈迦の宝号を唱えしめた。そして洞窟の壁の一部に真言を書き、海中の魚鼈・鯨鯢(げい)・螺鱗(らりん)等の衆生の当来(とうらい)の解脱(げだつ)を祈った。その夜は、鷹島の湊にとまり、三十日朝には森に帰り、苅磨島に渡り、その島の峯で宝楼閣陀羅尼を誦したという（『漢文行状』所引「真言集」中の記）。しかし、間もなく、栂尾に帰ったのであろう。

『大日経疏』を講ず

十月九日、栂尾において『大日経疏』（二十巻、善無畏三蔵の講義を一行禅師の筆記せるもの。密教の根本聖典の一）の講義をはじめた（『栂尾御物語』上）。明恵は、真言に志あるものに対しては『大日経疏』をよませようと思う、といったこともあり（『却廃忘記』）、この書を重く見ていたようである。

三宝礼の自行

建保二年のころから、三宝礼(さんぽうらい)の名号本尊をつくり、自行(じぎょう)としておこなっていたという（『行状』）。これは『選択集』を批判し、専修念仏が如何なる点を問題にしているものかということを、ある程度において理解した明恵が、菩提心本位の自らの実践の方法について、新しい考えをまとめたところにうまれたもの、といえるであろうが、これを理論的に説き、信者に普及せしめようとしたのは、翌三年の末のことであった。

涅槃会のための講式の制作

建保二年から三年にかけて、明恵は、講式を多くつくっている。その最初は、二年十二月七日栂尾にて草した『持経講式』一巻であり、次いで三年正月二十一日の『舎利講式』、同二十二日の『如来遺蹟講式』、同二十四日の『十六羅漢講式』、同二十九日の『涅槃講式』各一巻がつづいてつくられたのである。これは、明恵は十一―二歳の時から二月十五日の仏涅槃の日は、「悲感甚だ深く、あるいは閑室に籠居し、あるいは山林に入り遊戯をやめ、名字を念じ」ており、その後は住房で一両の同法と香花を供えて来たのであり（『遺跡講式』奥書）、先年の糸野においてのように人々と共に涅槃会を修して来たのであったが、ここに四巻の式（『持経講式』を除く四巻の式）をつくり、一昼夜にわたり、これにしたがって涅槃会をおこなうことにしたのである。（この四巻は、『四座講式』として後世の真言宗寺院において非常に普及するものである。）この涅槃会の次第は、日中に『遺教経』の講義があり、講が了って同じく『遺教経』が読誦され、それから四巻の式により四つの講がおこなわれるのであり、この後高山寺の恒例となったのであるが、のち寛喜二年（一二三〇）の涅槃会からは、日中の講経につづいて『涅槃講式』だけがおこなわれ、夜の所作である他の三式と釈迦の称名とは、多人数の群集により、或いは火災のおそれや寺内の混雑のために省略されることになったという（『行状』）。

練若台の草庵における観行

この建保三年の夏、栂尾の西の峯の上に、練若台と名づける草庵をつくった。栂尾の寺中にはかなり多くの人が集まり、さわがしくなったからであるという（その遺蹟は現在の金堂から数丁のぼった所で、石積みがある。以下、栂尾山中の遺蹟と、その卒都婆については、景山春樹氏「高山寺の明恵上人遺蹟」（『仏芸』二八）を参照）。この草庵は三間一面のもので、一面の庇は東側についていた（杉山信三氏「明恵上人の高山寺庵室について」（『奈良国立文化財研究所年報』一九五九年）参照。高山寺所蔵庵室図で、この草庵と思われるものによる）。このうしろ北に三段ばかりさがった所に草庵をたて、そこに侍者が住した。明恵は、この練若台の草庵で、行法・坐禅・読経・学文に怠りなかった（『行状』『縁起』）。ここに何時から移ったかは明らかでないが、三月十八日に圭峯の『円覚経略疏』巻一を同法数人に講じた時、なお栂尾においてとあり（正弁の奥書）、四月十二日に同じく巻二を講じたのは練若台においてであったから、その間にうつったのであろう。この講義はひきつづいておこなわれ、九月二十二日に練若台で、巻四の講を終った。なお四月十八日に初めて宋より渡来した裴休（ひきゅう）の『勧発菩提心文』*を披閲し、五月十八日練若台で句を切り仮字（かな）を送っている（中野氏所引仁和寺心蓮院蔵）。この練若台における坐禅の折にいろいろな好相（こうそう）があったことが伝えられている（『行状』）。即ち『円覚経』の、普眼菩薩の問に答えて如来が説いている観行により、坐禅をおこなっていた。そのある時、練若台の松の木の下での坐禅で、『円覚経』の「我今此身四大和合」（自分のこの身は、地水火風の四大の和合したもの）という句を観じていると、忽ち四人の客が額をつき合せて四方にあり、自分の身はなくなってしまった、と覚えたという。また、ある時寝所に入って休もうとしていると、眠り入らぬうちに、庵室が昼のように明るく光明に照らされ、誰かが灯をつけたのではないかと、下方にいた侍者らが怪しく思ったこともあった。

『三時礼釈』をつくる

この年十一月二十五日『三時三宝礼釈』をあらわした。これは、さきに明恵が自らの行として三宝菩提心の本尊をつくり、それを礼拝することを始めていたが、練若台の草庵にこの本尊がかけてあるのを見て、俗人が説明を求めたのに答え、

三宝礼名号（明恵自筆）（高山寺蔵）☆

仮名交り文で述べたものである。その本尊の図様は、中央に「南無同相別相住持仏法僧三宝」とかき、向って右には「万相荘厳金剛界心・大勇猛幢智慧蔵心」、左には「如那羅延堅固幢心・如衆生海不可尽心」とそれぞれ上下にかき、更に上部には横に三宝の梵号をかいたものである。即ち、中央の三宝の名号は、求める対象で、左右のは『八十華厳』第二十七巻十廻向品に見える二十種の菩提心の名から四つをえらんだもので、三宝を礼拝しようとする行者の菩提心を本尊にかき入れて、礼拝するのである。その礼拝は、「南無同相別相住持仏法僧三宝、生々世々値遇頂戴、万相荘厳金剛界心、大勇猛幢智慧蔵心、如那羅延堅固幢心」と立って唱え、「如衆生海不可尽心、生々世々皆悉具足」と唱えながら身を地に投げて礼拝し終るようにするので、明恵は三時に各三返づつ、一日に九返の礼拝をおこなっていたという。この三宝礼拝が、専修念仏を批判した体験から、より徹底した自行を求めたところに考え出されたものであろうことは、さきに述べた如くで

「南無三宝後生たすけさせ給へ」

ある。『唯心観行式』にくらべれば、より簡明で、力づよいものであるといえよう。三宝や菩提心を文字にかいて本尊とすることは、密教の考えによるもので、やはり華厳の教理を密教の様式により実修しようとしたものと解されよう。また、これが、専修念仏の刺戟をうけたものであることは、この書の中にもあらわれている。即ち、この書も問答体でかかれているが、西方の行者を登場させて、念仏と兼修していいかという問を設けたり、あるいは、在家の男子女人は、「南無三宝後生たすけさせ給へ」と唱え、三宝に物を供養すればよいともいっている。その三宝に物を供するというのは、修し易い行で、何でも物を使おうとする時、それをまず三宝に供養してから使うことで、即ち「栗柿一つにても先づ三宝に供養して後に自らもちゆべし」というのであり、自分は幼稚の時からあらゆる資具（しぐ）を三宝に供養しないことはなかった、と述懐している。終りに、心に三宝を敬う気持があれば、それを口に出していわなくてもいいので、しかも読誦念誦のほかに修するのであるから、「さしも風流あらば、かへりて詮なき也」といって、きまった方式にとらわれてはならぬ、といっている。そして、これは自行で、必ずしも諸人にすすめるものではなく、諸行はみな仏法僧に帰依することをはなれたものはないから、信欲（しんよく）さえあれば、おのずから証会（しょうえ）できるであろうと説いている。

練若台は高いところにあり、晴れ渡れば見晴しはいいけれども、雲霧がたちこ

（梵字）石水院
建保五季丁丑
以後数箇季
住比処後山
号楞伽山

（右側及び背面の銘は、後出の遺跡窟・華宮殿のものと同じ。現在は高山寺本坊の庭前に立つ。（景山氏論文参照））

石水院石塔婆（重美）☆

め、健康によくないので、その庵室はとりこわされて、石水院（せきすいいん）の住房が下につくられた。それは翌建保四年夏のことであったろう（『行状』には練若台に両三年居たとあるが、『和歌集』及び『功徳義』の奥書による。）。石水院をつくると共に北峰の中腹に楞伽山（りょうがせん）と名付けて庵室をつくり、時々そこで坐禅した。石水院の建設は、仁和寺の覚暹（かくせん）が、楞伽山の庵室は督（こう）三位局が沙汰したという（『縁起』）。この石水院で、『円覚経略疏』『修証義』（圭峯宗密の著。『円覚経道場修証義』）『梵網菩薩戒本疏』（法蔵の著）『浄心誡観』（南山道宣の著）などを講じたという（『行状』）。いずれも、観行や戒律に関するもので、実践的な意味の多い書といえよう。

楞伽山の歌

　四年四月、楞伽山の草庵の縁の端にたって、眺めると、谷から峯まで藤の花が咲きのぼっていた。それは、松にかかり風になびき、地から空にのぼるようであった。昔、如来が楞伽王の請をうけ妙花宮殿に乗じてのぼられた様子も、かくやと思って、

　花宮殿をそらにうかべてのぼりけむそのいにしへをうつしてぞみる

仏性との和歌贈答

むらさきの雲のう
へにぞみをやどす
風にみだるゝ藤を
したにて

とよんだ。また、四月九日、仏性という上人が楞伽山の草庵に来り、明恵の籠居(ろうきょ)を、

諸行をば無常なり
とてみをすつる人
のこゝろになるよ
しもがな

石　水　院　址

石水院は明治20年に現在の地に移建されたが，それまではここにあった。現在の石水院は，明恵時代の東経蔵であるという説が発表された(『奈良文化財年報』1959 杉山信三氏稿)。東経蔵は，嘉禄元年羅漢堂がつくられると共に，石水院の西岸に移建されたと『縁起』に見える。その後石水院は，安貞２年の水難で流失したが，同じ地域にあった東経蔵は免れて明治に至ったものであろう。

しら雲とみねのかすみにむすぼれてのりをもとむるあとをたづねむ

とよんだ歌をたずさえて、返しをもとめた。

つねならぬよをすつるともきみぞしるものぐるはしと人はいふみを

あとをくらしいりにしやまのみねなれどきみにはみせよみねの白雲

と明恵はこたえた(『和歌集』)。

定真への伝授

四月二十四日、定真(じょうしん)に宝楼閣法*や五相成身観などについてさずけている(『真聞集』四)。定真に対する密教の伝授は、これが初めて史料に見えている。定真も、明恵の同法として有力な一人であった。なお、喜海は、この年十月十五日、栂尾住房で『清涼国師礼讃文』を書写し、証定(時に二十二歳)も栂尾で『華厳経』を校正していた(三月十三日・十一月二十六日に各五・二巻を校了)。証定は、栂尾別所が開かれてから加わった若い同法の一人で、この人々の仲間がかなりあったであろう。栂尾は若い僧を加え、高雄からの移住者もあり、にぎやかであったろう。

『三時礼功徳義』を著わす

十月五日には、石水院で『自行三時礼功徳義』一冊をあらわした。前年の著が、三時礼についての名義の解釈が主であったのに対し、ここには自行の密意をのべたものという。これは琵琶の楽匠として有名であった藤原孝道が、この三時三宝礼を修したところ、災害から免がれるであろう、という夢相を得たので、よろこんで明恵に語った。明恵もこれに感じて、自分がこの行をおこなっている深い意味をのべて贈ったのである。

まず「凡そ仏法に入るには先づ菩提心を先とす」という。菩提心は三宝を縁としておこすもので、三宝を信敬すれば必ずおきるものである。菩提心を礼するのは、菩提心を願うのである。願う心があれば最初の菩提心といえる。善事を願う人を善人というが如くである、といっている。この三宝を礼拝することは、普賢菩薩の十願の修行であるとし、四心について説明を加えている。そして、この行は必ずしもその義理を心に観ずることができないでも功徳があるとし、西方往生を願う人がこの行をすれば、上品上生（じょうぼんじょうしょう）の業にあたると説き、「信心決定（しんじんけつじょう）して」此の行をなせば、ほかの行はしないでもいいであろう。礼拝は我慢を除き、成仏の妙道であると説いている。

三時三宝礼の普及

この『功徳義』は、孝道に対して書かれたものであるが、そのほかの俗人にも、この行をすすめていたことが考えられる（金沢文庫本『功徳義』附録に消息二通あり。この行をすすめている。『金沢文庫研究』五六）。ある女房に、この行について、『礼釈』や『功徳義』をよむことをすすめ、特に信を説き、「浅深あれども礼敬せんと思ふは、すなはちこれねがふなり、われふかき義をしらざれども、善知識の徳を信じて、其の行をまなぶに、すなはちその知識の身にあるところの功徳を具足するなり」とし、正信の善根を理解して解（げ）を得、礼敬するのが行で、その行が熟して証が得られる。かく信解行証の四字に一切の仏法はおさまるとも説いている。またある身分の高い貴族には、この三宝の本尊二枚を求めに応じてかき送っている。そして菩提心は三宝のうちでは法宝に含ま

自筆消息（断簡）（高山寺蔵）

かしこまりてうけ
たまはり候ぬ。三ぼう
十五枚まいらせ候。た
うし本のわしま
し候にしたにたて
□いらせ候へく候。又悦
善御房はこれに
土沙のことをかき
しるして候を、人々
のきかむと候。きこし
めしてやがて申き
かせまいらせもせさせ
おはしまし候へよと

れるものであるが、特に抜き出して記す理由を説き、「仏子殊に痛むべき所は無道心の一事なり。殊に欣楽（ごんぎょう）する所は、菩提心の一宝なり。是故に先づ大願を起して之れを楽欲し、願を起して之れを礼して殊に寵愛し奉るべきなり」といっている。また、これも宛名は明らかでないが、この三宝の本尊を十五枚も書き与えたことも知られる（高山寺蔵自筆消息断簡）。これらによって考えられることは、この三時三宝礼は自行であるといってはいるが、俗人の信徒にもかなり勧めていたことである。

守貞親王（後高倉院）との交渉

翌建保五年も、栂尾石水院に居たようである。五月二十四日、守貞親王（後高倉院）のために「六字経咒」を書き送ったという（『真聞集』五）。後高倉院との交渉は、これが初めてである。六月二十日、石水院において隆弁に「五秘密法」を授けた（『真聞集』本）。隆弁が伝授の仔細を記録した『真聞集』（七冊、仁真写本あり）は、この後の明恵の行実を伝えるよい史料となっている。五秘密の思想は、明恵の晩年の思想において重要なものであったといわれている。

紀州に下向す

この年九月ごろ、明恵は紀州に行ったらしい。九月十四日、喜海が書写した『起信論疏筆削記』二の奥書には、紀州御下向の留守に大宋国新渡の本を以って石水院御房西面御学問所で書写したとあるからである（『金剛蔵聖教目録』四）。このころ、宋版の一切経が栂尾にもたらされたのかもしれない。六月二十日、隆弁が『八十華厳』第三十九巻を唐本で一校している。紀州に下った明恵も、十一月には石水院に帰り、十一月晦日『円覚経略疏』*に点を加え終っている。

そして、翌建保六年の春夏も石水院に居たのである。五月二十五日には『持犯要記』を喜海ら数人に講じた。喜海は、二十二日栂尾十無尽院で書写しているから、栂尾別所の開かれた初の十無尽院の房は、なおそのままあり、喜海らが住していたのである。翌五月二十六日、明恵は隆弁および正行房に「大仏頂法」を授けている（『真聞集』本）。

賀茂の別所に移る

『行状』によれば、秋のころいささか喧嘩の事あるによって栂尾を退いて賀茂の別所に移ったとある。この喧嘩というのが、どういう事情であったか、知り得る史料はない。『夢之記』によれば、八月十一日に賀茂へ移ったのである。そして、八月二十三日付の後鳥羽院の院宣が、賀茂の神主能久に対して下され、同社の奥の一原野に草庵の土地をさだめるように申されている（『高山寺文書』三、『大日本史料』四編之十四）。能久は、後鳥羽院と関係が深いと伝えられる人であり、また明恵にも厚い帰依をささげていた。その姉妹の尼が後に高山寺のために寄与するところが多かったのである（『縁起』）。能久は、社のうしろ二十余町をへだて、神山のふもとに四―五宇の僧坊と経蔵一宇をつくり、明恵を迎えた。ここを仏光山と号し、栂尾には二―三の同法が留守をしていたのみで、明恵は時々栂尾に通ったという。ある人から栂尾をどうして退出したのかと問われ、

浮き雲はところさだめぬものなればあらき風をもなにかいとはむ

の一首を送り答えたという（『行状』）。

白河の督三位局のために加持する

十月十八日、白川の督三位局邸にいたり、時に重態であった主人のために加

持し効験があった。その法は随求陀羅尼(ずいぐ)であったという(一『真聞集』『行状』)。この女房は、この後、明恵に帰依すること厚く、高山寺の経営のために多く寄与している。この時、隆弁は明恵の代理をつとめたことがあったというが、十二月かれは宝楼閣法・光明真言法の伝授をうけている(『真聞集』一。大覚寺蔵聖教(中野氏所引))。後者は石水院において受けたとあるから、明恵は時々栂尾に帰ったのである。

高山寺本堂の完成

翌建保七年は四月改元あり、承久元年となる。この年の冬、高山寺の金堂が整備されたのである。その願主は、前年重病より恢復した督三位局であった。その次第は、おもに『縁起』に見えているが、その年月日には誤りがあるようであるから、喜海筆の「善妙寺本仏釈迦像年記」と題する注文(『高山寺文書』七)によってのべよう。即ち十月十一日には、快慶作の釈迦像が金堂に安置され、十一月一日にその開眼(かいげん)供養がおこなわれ、この日から仏聖をそなえ、常灯をつけた。常灯をつける時には、明恵が願主の督三位局と相共に火をたたき、合せてともにこれにつけた。

そして長日の供養法も始められた。三人の供僧が、十日毎にこれをつとめた。朝は『理趣三昧並金剛界礼懺文』、夕は『唯心観行式』であった。これら仏聖・常供・供僧の費用は、督三位局が、大和の曾我庄の田のうちから寄進したものでまかなわれたのである。この金堂は五間四面の建物で、喜海・霊典らの努力によりこれまでに完成していたものであろう。そしてこの日、鐘楼の金銅鐘（長さ五尺）の裏に明恵が光明真言・宝楼閣法などの陀羅尼や『華厳経』の文をかき、呪願（法語を唱えて利益を求める）して、これを打ち始めたのち、衆僧がつづいて打った。この鐘楼の供僧の費用も督三位局が寄せたもので、かの局は亡き子少将に早く聞かせたいからと打つことを請うたのである。殊に十一月一日は、唐の禅定寺の智興律師が大業五年（六〇九）の十一月一日に鐘をうち、そのひびき地獄の亡者に及び、得脱（とくだつ）せしめたという同じ日にあたることを知り、明恵は感銘深く事に当ったらしい（『光明真言土沙勧信記』下）。この承久元年には賀茂と栂尾と、何れに落付いていたか、明らかではないが、少なくとも十月から十一月にかけて、栂尾に居たことは知られる。

翌承久二年三月五日に古仏を修理した観音像が本堂に安置され、四月五日には新造の弥勒像がこれに加わり、脇士がととのった。これは樋口法眼覚厳が費用を寄せたのであり、四月十六日に開眼供養があった（『縁起』、『高山寺文書』七）。これで高山寺の本堂に本尊と脇士が安置され、寺の中心が出来上ったのである。

高山寺，金堂をのぞむ

僧の集まりでの説戒

この年栂尾の石水院で、法蔵の『梵網菩薩戒本疏』を講じ、集まりの折に十重戒と四十八軽戒の一-二戒を講じた（『行状』）。多くの信者を集めた栂尾の説戒がおこ

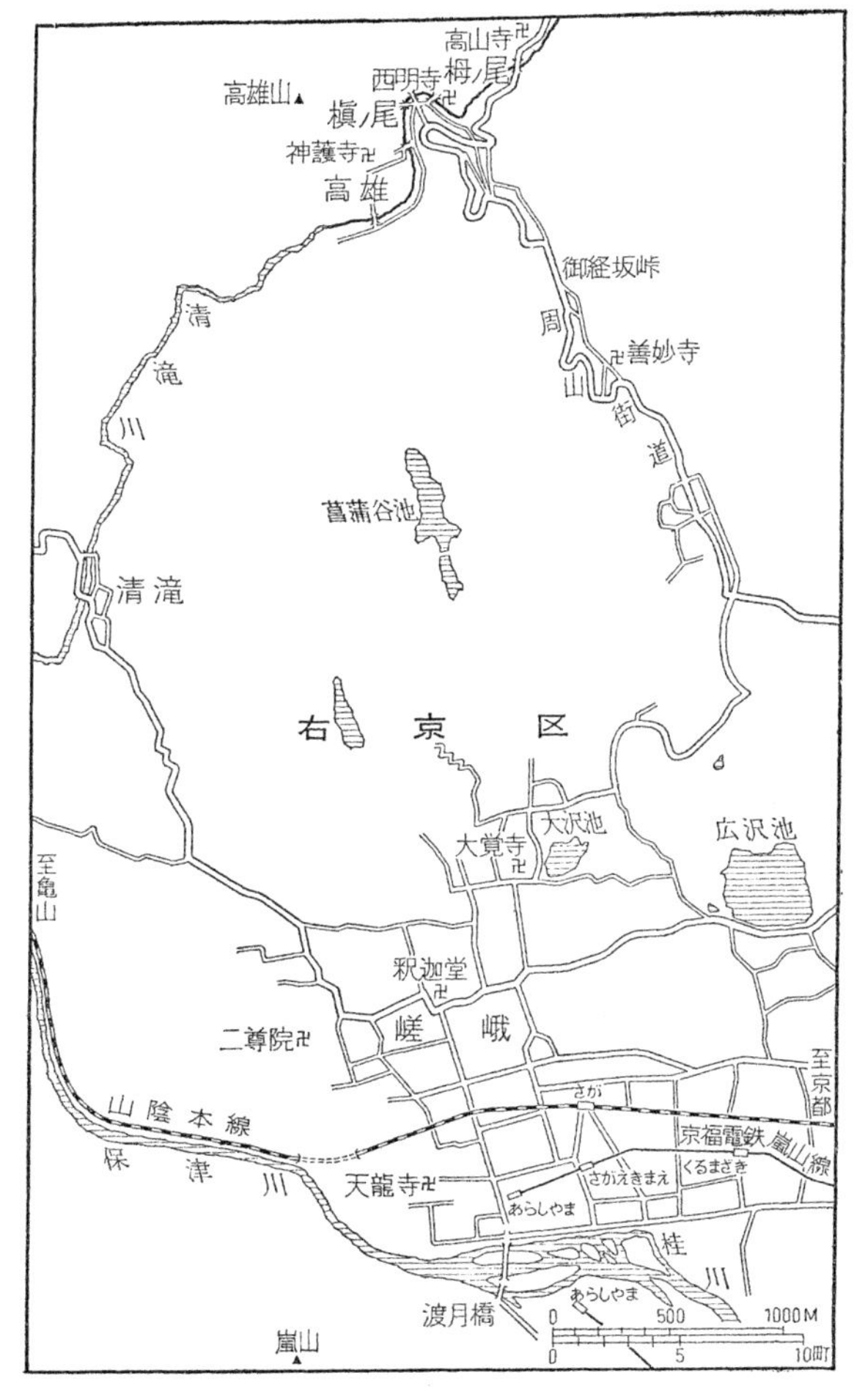

栂尾高山寺周辺略地図（昭和35年頃）

なわれるようになるのは、数年後のことである。なお、五月二十五日、石水院において隆弁に両部灌頂の作法などを授け（『真聞集』三）、六月十三日には、石水院から槇尾にうつり、浄三業などを談じ、十六日に及んだ（『栂尾御物語』）。その十六日の話に、ある念仏の行者が、『円覚経略疏』をよむと、浄土を願うことなどは妄であるとあるが、そうであろうかと疑問を出したのに答えて、『円覚経』をよくよんで、その道理を思い得てから、往生を望むならば、上品上生の業となるといっている。念仏者に対しては、その業をすすめたのである。

五　晩　年

禅観をたずねて

明恵は若い時からどんな教えでもそれを実践的につかもうと努めて来たのであった。十八−九歳のころから禅定（ぜんじょう）を修する方法について、いろいろとたずねて来たという。『五門禅経要用法』『達磨多羅禅経』『禅法要解』（鳩摩羅什訳）などを熱心によんで、これにしたがって坐禅したこともあったが、これでいいという決定的なものに出会わなかった。ある時は、華厳宗の道英（貞観十年（六三六）九月寂、八十歳）が、『大乗起信論』の真如門によって禅定を得たということ（『華厳経伝記』三）によって、明恵も『起信論』により真如観を修したこともあった。ある時はまた、仏教は般若の思想が入門であり、人・法二空を観ずることが根本であると考え、空観を修したこともあった。笠置の解脱房貞慶は、明恵が空観を修していることを聞き、自分の考えに符合するといってよろこんだという（貞慶は建保元年（一二一三）二月に寂しているから、それ以前のことか）。また『円覚経』の普眼菩薩の章によって禅観を修したことは、さきに述べた如くであり、『華厳経』については『唯心観行式』をつくり、その三無差別・法界縁起の妙理を体験しようと試みたのであったが、徹底したものとは思われなかった（『行状』）。

李通玄の論により仏光観をはじめる

ところが、承久二年、宋から渡った聖教のうちから李通玄（開元十八年（七三〇）寂。八十華厳とその註論を合せたものを『合論』という。ほかに『決疑論』『十明論』あり。）の『論』を得てよろこび、そのうちの仏光三昧の文によって仏光観を修することに決したのである。この李通玄の『論』は、法蔵の註疏が学問的なものであるのに対し、実践的な気分のつよいもので、明恵がこれをよろこんだのは、当然のことであった（明恵は新渡といっているが、そうではなく、日本に来ていてもおこなわれないだけであった。石井教道氏「厳密の始祖高弁」参照）。『夢之記』によれば、この年七月からひたすら仏光観を修したという。

『仏光観略次第』を撰す

七月二十五日、石水院において『仏光観略次第』を撰した。これは詳しくは『華厳一乗十信位中開廓心境仏々道同仏光観法門』と題するもので、即ち菩薩の五十

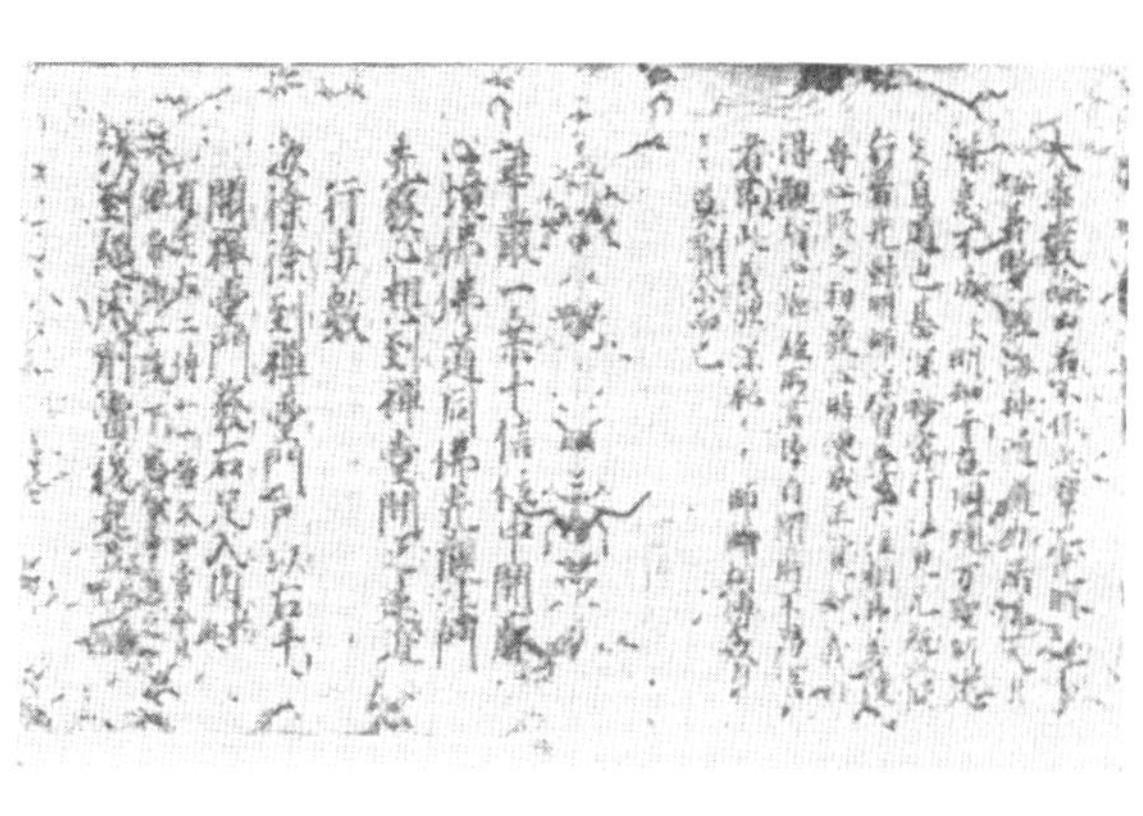

『仏光観略次第』（首尾）（高山寺蔵）

（奥書）

承久二年七月廿五日於二石水院草庵一略抄之了。禅法任二坐禅口決一観法依二通玄論一抄之。其義類次第、撰二別儀軌一可述之。
仏光法界観行者非人高弁

二位のうち、十信位の行者を照らす盧舎那仏（るしゃなぶつ）の光が無尽であり、行者の信心を覚らせて修行せしめるので、行者は、一々その光に随って十方を観照すれば、観じようとする心もなくなり、法身と同体となり、即ち信位から十住の初心に入り得るというのであり（『合論』三十七、光明覚品序）、十住は正定聚（しょうじょうじゅ）（不退の位）で成仏にも等しいといえる。

仏光観による好相

七月から百余日の間、この仏光観を修し、その間に度々好相を得た。七月二十九日の朝、仏前に所作しているうちに眠り入る心地し、幻（まぼろし）のように一つの大きい門

又有人月性房云、東大寺大仏年来不似思小仏也。又片方金薄（アカヽネ）土躰現セリ。下ヲ土ニテ造カ顕ト覚ユ。予勧進諸人、欲奉鋳直ニ、諸人之依用も不定ニ思テ不結構云々。同夜夢也。

従同七月一向修仏光観。

一　廿八日末法爾観時、禅中好相中、我身為一院御子。生如来家也。

（抹消）

「一　同廿九日撰此式畢。其前撰了。」

一　此廿八日以前夢、板木ニ弥勒経ノ二三枚ナルヲ押付タリ。如印経時ク押付タリ。此ヲ放テ可読ト思フ。覚後ニ八名経ヲ可読歟ト思ニ、緩クニ

（以下略）

を見た。その門は年来の間、人を通さなかったのであるが、一人の長人があり、開けるよう命じたので、童子の如き人が来ってこれをあけた。昔から人が通れなかった門を、今許されて、諸人がこれより出入できると思った。その夕、この夢相は、本尊の許可を得たのだと考えた。その後夜の坐禅の時自分の前に白い円光があり、白玉のような形をしていた。径は一尺ばかりであった。左の方に一尺・二尺・三尺ばかりの白色の光明が一杯であり、右手には火聚（かじゅ）の如き光明があり、声が告げていうには、これは光明真言であると。この好相に

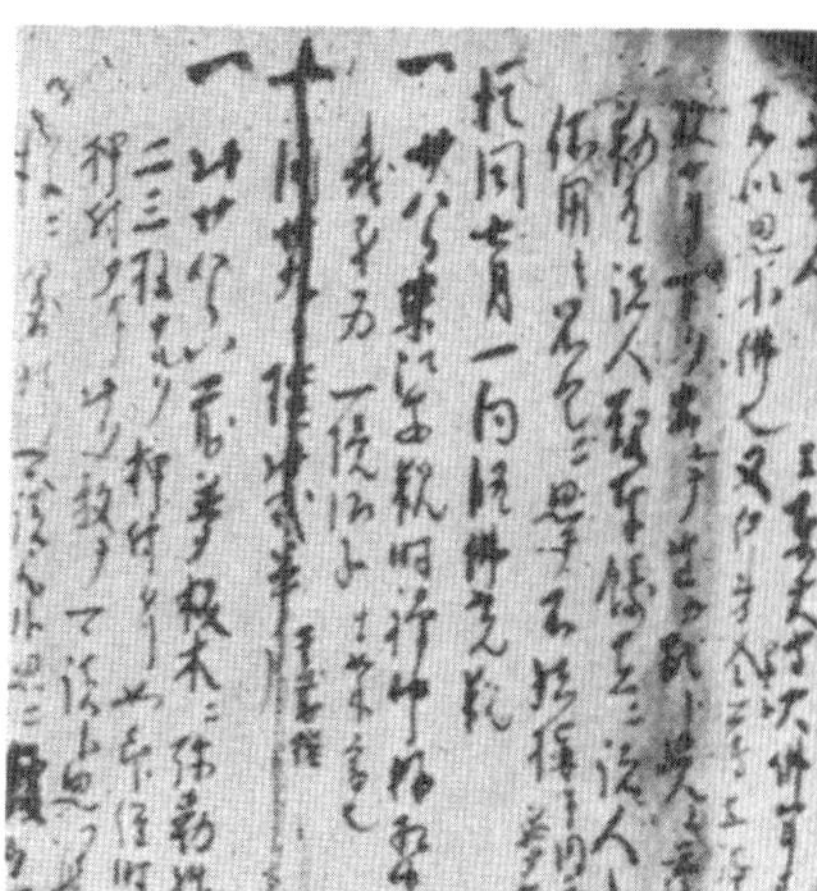

『夢之記』（承久二年条部分）（高山寺蔵）
（「一向に仏光観を修す」と見える）

より、この仏光観に相応するものとして光明真言がとりあげられたのである。

　八月七日の初夜の坐禅の時、滅罪を祈願し、もし戒体を得、好相があれば、諸人に授戒したいと祈願した。すると、身心が凝然（じっと動かなくなる）として、あるのかないのかわからないような具合になった。虚空の中に三人の菩薩があり（普賢・文殊・観音）、手に瑠璃の杖をもっていた。自分はその杖の先に左右の手で堅くとりついた。三人の菩薩は杖を引きあげた。そこで自分は杖につかまり、兜率天に至り弥勒の楼閣の地の上につくと思った。その間、身も心もいい気分であった。すると瑠璃の杖の頭の宝珠から宝水が流れ出て、それを身体中に浴びたと思った。わが面は明鏡の如く、わが身は水精珠のように円満になり、動いて行った。すると声あり、「諸仏ことごとく中に入る、汝今清浄を得」と告げた。またもとの身にかえり、大空から七宝瓔珞のたれさがっているのを見た。この好相が、十八-九歳のころ抄出しておいた『五門禅経要用法』の念仏三昧の初門の文と一致するところの多いことをよろこび、「予、若年の当初（そのかみ）、此文を見て深く肝胆に染み、自愛きはまりなきを以て、別に抄出す。三十許年の後、初めてこれを求め出し、邪正を決断し、信智を究竟（くきょう）す。歓喜いくばくぞや。予、幼稚の昔より求法（ぐほう）を思となし、成人以後、顕密の窓に臨むに、たゞ名利の声のみ聞く。師友同行もまた浮花を事として更に実義を示さず。深く修道の縁なきを思ひ、悲歎まことに深し。彼の時傍に数部の古経あり。その中にこ

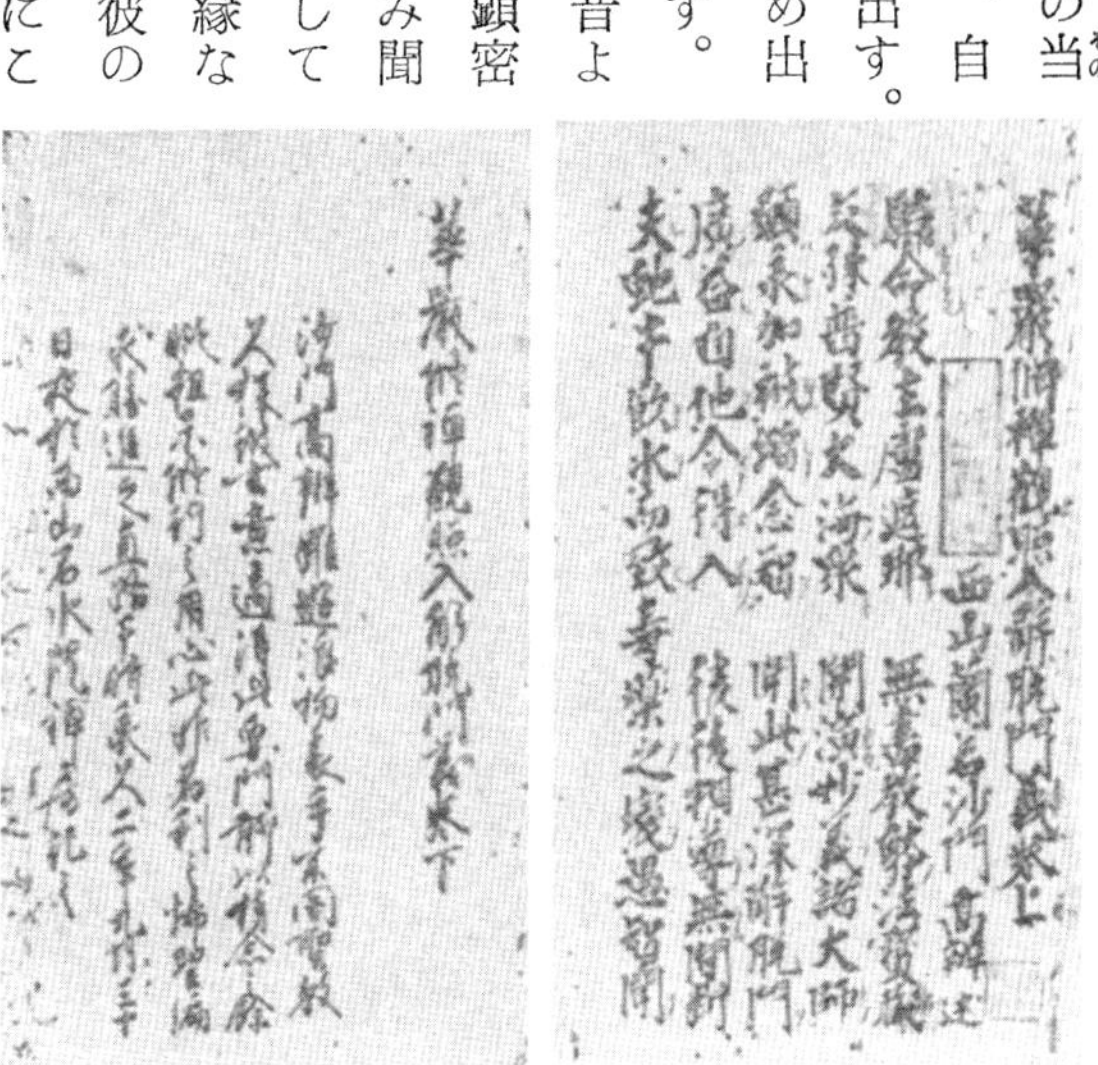

『入解脱門義』（自筆・首尾）（高山寺蔵）

の妙文を得たり」と往時を思い、今の歓びをのべている（『華厳仏光三昧観冥感伝』、『夢之記』）。

『入解脱門義』を著す

九月三十日、石水院において『華厳修禅観照入解脱門義』二巻をあらわした。その跋には、「沙門高弁、物表に遊浪すと雖も、手聖教をおかず、久しくかの玄意をさぐり、たまたまこの要門を得たり。聊か持念の余暇を以って、ほぼ修行の用心を示す。これ名利の悕望に非ず、偏に勝進の直路を求むるのみ」といっている。即ち仏光観についての教理を解説したもので、明恵の主著ともいうべきものである。

まず一乗発心を勧むと題し、十信・十住・十行・十廻向・十地の五位について説明し、「光明覚品」の仏光は、原因である凡夫の信と、その結果である仏との、因果同体の信を示すもので、凡夫が信解すれば仏果に至り得ることを説き、次には巻頭に示した図の解釈を詳しくのべている。その図は、次の如くである。

まず中央は、文殊・普賢・毗盧遮那の三尊の名字を一つにしたもので、智慧の文殊と理の普賢とが一体となっていること、毘盧遮那という果位の仏をあげて、それと因位の菩薩との一つであることを、あらわしたものである（その意は澄観の『三聖円融観』により、文殊

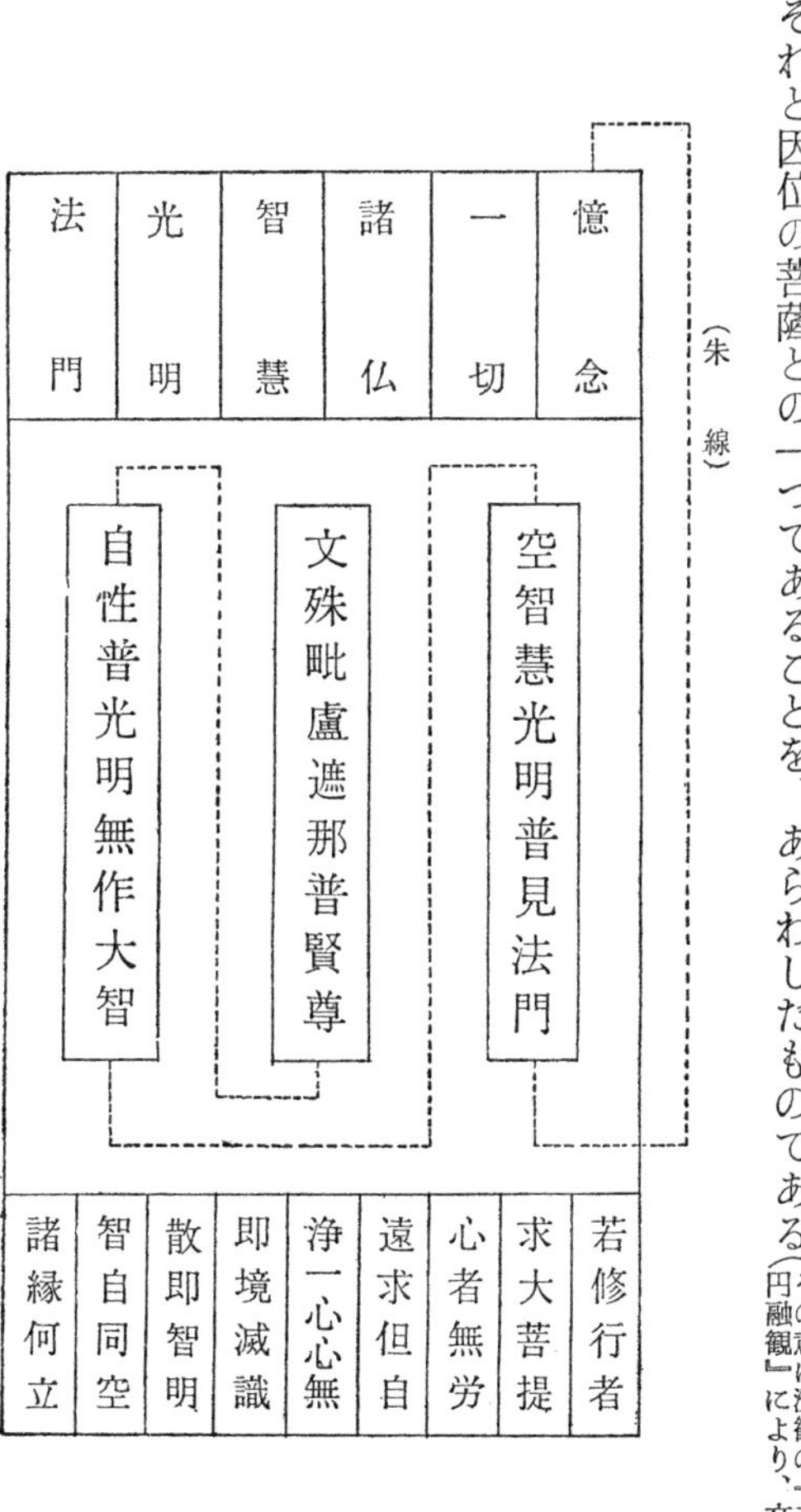

毗盧遮那普賢の名字は通玄の『決疑論』による。）。向って左の「自性普光明無作大智」は、中央の毗盧遮那より出でた、文殊の智慧を示し、更にそれより普賢の理を示す「空智慧光明普見法門」が出る。更にこの法門（信位の終）から上方の「憶念一切諸仏智慧光明法門」にすすむのであり、それは信位を満足した行者が住位にすすむ初発心住の成仏を意味する。それが上部にあるのは、善財童子が妙峯山頂において徳雲比丘からこの三昧門を聞いたからであるという。即ち住位に対して信位は低いので、真中の三行は下にあるという。また下の文は李通玄の『華厳十明論』の文で（「若し修行者、大菩提心を求めば、遠く求むることを労するなかれ。但、自ら一心を浄めよ。心なければ即ち境滅す。識散ずれば即ち智明かなり。智おのづから空に同じ。諸縁何くにか立たん。」）行者のために、その行法を示したものである。つまり、行者は信位において三尊を求むる対象として観行をつみ、漸く練習して普光明智を得て、更に空智慧のあらわれることにより、信位から住位に入るということになる。そして、これらの観照の次第につき、おもに李通玄の『論』をひいて、詳しくのべているが、終に問答を設けたうちに、かような甚深の仏法を凡夫が修しうるかという問に答え、「如来の意は、諸の凡夫をして信修を起して仏家に生ずることを得しむ。已に仏位にひとしき諸菩薩をば念ぜず」(『合論』六)という言葉などをひいている。最後に「義理を開演することは、まことに諸師の解釈に足りぬべしとなす。然るに通玄大師、諸師の繁釈を見て歎じて曰く、惜しき哉、文を白首(白髪の頭)に労して、修行に暇あらざらむと、仍って観行の法について広略の要門を開く。若し三昧行法を好まば、専ら彼の釈を以って依憑となすべし」といっている。かように、この仏光観は、おもに李通玄の『論』によったものであるが、仏光観を成就した祖師として、解脱律師と通玄とをあげている(『仏光観略次第』)。通玄は、その口から白光を放ったと伝えられ、解脱は唐代の人、五台山に住し、仏光観をなし、文殊に再三会うを得たなどの奇瑞がいろいろと伝えられている(『華厳経伝記』四)。なお、この仏光観の観行は、密教の面からも考えられていたようであるが、その理論が完成したのは翌年のことであった。

同法への伝授

この承久二年には、右のような仏光観を自ら行ずることが、主であったと考えられるが、その傍ら、同法に対する談義伝授もおこなわれた。七月一日、隆弁に五秘密尊法を授け、八月十八日、大仏頂護身法、同二十七日には阿字本不生について、十月二十五日にも護身法について隆弁に談じ、十月のある日には、喜海と隆弁に対して三聖念誦次第などを伝え、十二月五日には隆弁に光明真言法を授けている（『真聞集』三・五）。

関東尼公の消息

『夢之記』によると、「同（十二月）二日、関東尼公の消息を得て哀傷す。其の夜の夢に云く」として、こんな夢のことがかいてある。持仏堂の方にあたり上師（上覚）が帳（とばり）のなかに居られると感じ、外に高雄の証月房が居て、かれと坂東の消息のことを語り悲泣し、上師がなかで聞いておられ、定めて悲喜していられるだろうと思い、涙ぐんで目覚めた、というのである。この関東尼公を政子と考えれば

（『大日本史料』はそう解している）、時は承久乱の前年であり、何か時局にふれた内容のもので、明恵をして哀（かな）しませるものがあったのであろうか。いずれにしても、承久乱の前に北条氏との交渉があったことになる。

承久の乱と明恵

翌承久三年の正月十一日、石水院において人の求めに応じて『大随求陀羅尼*』に点を加えている（『仁和寺採訪目録』）。そのころ石水院に在ったことは知られるが、その後、かの兵乱に至るまで、どうしていたかはわからない。兵乱は五月の半ばに始まり、七月の半ばの後鳥羽院の遷幸まで、約二ヵ月に及んだ。この時、敗れた官兵が栂尾に逃げこみ、これを追う幕軍の兵に向い大いに弁じて、これを保護し、自ら六波羅にひかれて、泰時に出会うことになる一段の記事は『伝記』において詳しくのべられているが、『行状』には全く見えない。しかし、そのことは大体においてそうあったのであろうと思うが、記事に潤飾が多いことも、また考えられるところである。泰時や大蓮房覚智（安達景盛）との交渉が、この時に始まったであろうこと、敗兵に対して同情をおしまなかったであろうことは、後の事情からも肯定(こうてい)できると思う。後鳥羽院やその信任のあった長房（承元四年九月二十二日出家、貞慶の戒をうく、時に四十一歳。天下の事を諫めかねて出家したと伝えらる『官史記』）または賀茂能久（乱に宇治に戦い、鎮西に流され、貞応二年六月十日鎮西に死す。五十三歳）の如きと近かったのではあるが、また御家人(ごけにん)である湯浅党と密接な関係にあったのであるから、一方に偏するような態度はとることができなかったであろう。また仏者としても、そうあるべきが当然であった。

賀茂別所に再び移る

『行状』には、「秋の比(ころ)、又賀茂の仏光山に移住す。後高倉の法皇の院宣を給て、其後かしこに住す」とある。後堀河天皇が即位され、その父に後高倉院の尊号がおくられたのは八月十六日というから（『百錬抄』）、その後のことであろう。ここで『起信論筆削記』『花厳出現品疏抄』（澄観『華厳経疏』第四十九）を談じたといわれている（『行状』）。しかし、ここで仏光観の行がつづけられ、それに関して著作されたことを見ると、兵乱はあくまでも栂尾に居られなくなったという事情をもたらしたのみで、「仏光法界観行者非人高弁」にとって、決定的な意味をもったものではなかったと思われる。

『華厳信種義』を著わす

九月二十一日、賀茂別所の禅堂院住房において、賀茂久継(能久の子)が、つねに山房に来り、法味を愛し、寝食を忘れるが如くであるのに感じ、かれのために『華厳信種義』一冊をつくった。その内容は『入解脱門義』の前半と大体同じであるが、終りに信心の得益(とくやく)の差別、仏智により発心すること、発心し信に入れば退失せず、鈍根のものも修習すべく、見聞の種子をませば、いつかは大覚に至り得ると考うべきことなどを説いてあるのは、俗人に対する書であるからであろう。

厳密の理論をたつ

更に十一月九日、同じく賀茂禅堂院住房において『華厳仏光三昧観秘宝蔵』二冊をあらわした。また、その別記である『華厳仏光三昧観冥感伝』一冊も、このころかかれたものであろう。はじめに「この法は、最深の秘密なり。伝受修行の人にあらざれば、たやすくこれを持つべからず」とあり、密教の書であることが知られる。上巻は仏光観について証拠の文をあげて詳しくのべ、下巻に至り、まずこの仏光三昧に相応する真言として光明真言をとり、これを説明し、その時用いる手印を説明し、更に真言の行法では字輪観がこれに当るとし、次に五秘密瑜伽（欲・触・愛・慢の四菩薩と金剛薩埵の五聖に相応すること）と一致することを説いている。即ち文殊・普賢・毗盧遮那を開けば、文殊・普賢・観音・弥勒・毗盧遮那の五聖となる。そこで欲菩薩が箭をもち遠くの物を射取りその骨髄に徹するのは、即ち文殊の大智が法性に徹するの意味である。そのように触菩薩は普賢に、愛菩薩は観音に、慢菩薩は弥勒に、金剛薩埵が毗盧遮那にそれぞれあたる意味を詳しく説き、華厳の相即相入・円融具徳・因陀羅網境界の義は大いに真言瑜伽の義と同じであるとし、顕密の差はあるが、顕密を通じて修することに疑いはない、としている。この五秘密と仏光三昧の一致という義をうち立てたところに、明恵の独特ないわゆる厳密（華厳密教）が成立したのであり、晩年の明恵の思想の中心はここにあり、光明真言の鼓吹もこれにもとづくものといわれている（石井教道氏「厳密の始祖高弁」参照）。

この承久三年十一月十二日、高山寺本堂の釈迦像並びに弥勒像が賀茂別所に移された（『高山寺文書』七、喜海注文）。栂尾より賀茂の方に本拠がうつった感がある。十一月晦日、仏光山寺堂において明恵は『異部宗輪論述記目論』＊五を書写している。賀茂の別所の禅堂院とよばれた三間四面の堂におちついていたのである。

慶政、仏光観をうく

翌四年（四月十三日改元貞応元年）正月三日、西山の松尾に住した慶政が『仏光観略次第』を書写し、「そもそも伝受の時、師弟ともに感夢あり」としるしている。証月房慶政は、九条良経の男、道家の兄といわれ、もと三井寺の僧、東密を行慈にうけたともいわれ（明恵と同法になる）、明恵とは親しく、入宋（にっそう）し嘉定十年（建保五年）泉州において南番文字で南無釈迦如来・南無阿弥陀仏の意を書かせ、それを明恵に贈ったことがあり（その文書は高山寺方便智院旧蔵山田氏蔵。神田喜一郎氏『敦煌学五十年』に図版所収。羽田亨氏の研究により、それはペルシャ文字で、意味は全くことなることがわかった。）、帰国後は京都の西山の松尾に遁世した。明恵よりは十六歳若かった（文永五年十月六日入寂八十歳。『書陵部紀要』第十輯釈慶政伝）。この年には三十四歳で、この後も明恵との交渉は深い。その人柄も明恵と近かったらしい。慶政が仏光観をうけたのは、おそらく三年のうちのことであったろう。

『光明真言句義釈』を著わす

四月十九日、『不空羂索毗盧遮那大灌頂光明真言句義釈』をあらわした。この書は持明院の法皇(後高倉院)の求めにこたえてつくられたもので(『光明真言句義釈聴集記』)、この後の光明真言を普及する第一作で、光明真言の字句の意味を解釈した短篇である。

善知識供をおこなう

夏のころ善知識供をはじめ、その式『五十五善知識講式』一巻及び祭文をつくった(『行状』『所作目録』)。即ち『華厳経』入法界品の善財童子の善知識を供養する作法で、東大寺でおこなわれる知識供も、明恵の影響ではないかといわれる(石井氏前掲)。

華厳経の如法書写

この秋、比丘尼十思房玄春の発願で、『四十華厳経』の如法書写(法の如く精進加行して書写すること)がおこなわれた。『華厳経』の如法書写はわが国で初めてのことであるので、明恵も随喜し、わが国の慈覚や唐の修徳・徳円の例に任せて、八月三日から七日の間、十人の僧が六時の礼讃を修し、沐浴潔斎する行をおこない、同十日から執筆し、一人が四巻ずつ書写した（巻三十七、証定の奥書に詳しい）。

翌貞応二年になり、賀茂から栂尾に移った。その時期は『行状』には「秋の比」とあり明らかでないが、五月ごろであろうか。『行状』によれば、上覚が重ねて栂尾の契状（けいじょう）を書し、善妙寺の四至（しし）を定めて栂尾につけた、とあるから、上覚が神護寺と独立した栂尾別所の存在を確認する意味の文書を書き、それにより栂尾高山寺の発展が期待されるようになったのであろう。四月八日に金堂に本仏として木像の丈六釈迦像（運慶作）と四天王像が安置された。これらの像は、運慶とその弟子が、まごころをこめて彫刻したもので、運慶の建立した地蔵十輪院の本尊であったが、建保六年に同院が焼けたので、かねて運慶から明恵に寄せられていたものであった。それをこの年の仏誕の日を期して西園寺公経（きんつね）（前太政大臣。ここに公経が後援者として見えることに注意したい。）の沙汰として高山寺の本堂にうつされたのである（『縁起』）。賀茂からの帰還がきまっていたので、この入仏もおこなわれたのであろう。賀茂の別所の建物はすべて栂尾の西経蔵の下に移建されたという。明恵の居所の禅堂院も、そこに移されたが、喧しさをさけて石水院の地に移されたという（『縁起』）。この年の『夢之記』に「五月二十三日京より寺に入る」という記事があるが、寺とあるのは高山寺をさすのであろう（この時に移ったともきめられないが）。栂尾では『起信論疏筆削記』*の講義をおこなった。喜海ら数人に対し正月十一日に巻二、六月十三日に巻三、十二月二日に巻五を談じ終った（『東寺金剛蔵聖教目録』四）。賀茂から出向いたこともあったかもしれないが、大体栂尾に移ってからのことと考えられよう。

善妙寺を開く

七月九日、もとの栂尾の金堂の本仏であった快慶作の釈迦像を、平岡（高雄への登り口にあたる）の善妙寺の本尊として同寺にうつした。善妙寺は尼寺で、承久乱の官軍の責任者の一人として捕えられ、刑死した中御門宗行（承久三年七月十四日死）の夫人（戒光（題跋備考））が出家し、夫の菩提をとぶらおうとして建てたもので、その本堂は、西園寺公経が古い堂を買い取って移したものだという。その寺域は、高山寺の別院として、上覚から認められたのである。七月二十日、善妙寺の供養がおこなわれた。この善妙寺という寺名は、新羅の義湘と善妙女との物語から生まれた、華厳の守護神善妙神にもとづくものである（高山寺蔵の『華厳縁起絵巻』に物語られている。角川版『日本絵巻物全集』「華厳縁起」参照）。ここに集った尼のうちには承久乱での戦争未亡人が多いといわれている（明恵の寂後、貞永元年の秋冬に善妙寺の尼たちにより書写された『六十華厳経』は、尼経として世に聞えている（題跋備考））。明恵は、この善妙寺の尼たちが真面目に修行していることに好意をもち、善妙寺にわが流は多くとどまっている。尼衆の学問には『菩薩戒本疏』などがふさわしいだろうか。しかし『戒本疏』にはあまり露骨なところがあるから、読めないのである、などと語ったこともあった（『却廃忘記』）。

証定に『秘宝蔵』を授く

十月下旬に証定に『秘宝蔵』を伝授している（金沢文庫蔵同書奥書）。証定はこの年三十歳、喜海らの宿老につぐ中堅の僧の一人であったろう。かれは建長七年（一二五五）に『禅宗綱目』をあらわし、明恵から伝受した仏光観にもとづき達磨流の禅を批評し、華厳と禅の一致を説いたのである（大屋徳城氏「禅宗綱目の出現と其の思想上の背景」（『日本仏教史の研究』三））。

修明門院の帰依

十二月二十日、『自誓八斎戒略作法*』をあらわし、修明門院にすすめた(『仁和寺蔵大日本史料』五之二)。修明門院は後鳥羽院の妃、順徳院の母で、承久三年七月後鳥羽院と同日に出家されたのであった。明恵は、修明門院に行き説戒したことがあった(『上人之事』)。

仏涅槃の日における慶政と明恵

貞応三年の二月十五日仏涅槃の日に、慶政との間に手紙をとり交わした(『和歌集』)。それは明恵から歌をおくったのに、慶政から「いかにせむけふのむかしになるまに、みのりさへまたとほざかりぬる」の歌にそえて詞をのべ、「参詣の由申し置き候と雖も、聊か今日自行仕り候の間、参詣せず候なり。返すぐ恐れ入り候。悲涙を拭ひ思ひやり奉るべく候。恐惶謹言」としるし、「進上、梅尾御悲歎窓下」とあてている。明恵の返事には、使をわざわざもらったことを謝したのち、「とをざかるみちのそなたを思やれば、涙河をやせきとゞむらむ」の歌にそえて、「昨日より待ち入り奉り候処、御自行か、即ち涅槃会の御懃行か。悲歎の御心底、又以て思いやり候」と、互に仏涅槃の日に当り、哀傷の思いを新たにし合っていることが知られる。

善妙寺の整備

四月二十一日、善妙寺に唐本の十六羅漢像と成忍筆の阿難尊者像とが、その本堂に安置され、開眼供養され、二十五日には、善妙寺の鎮守の善妙神の女神像と獅子狛犬とが安置され、二十八日その拝殿において、明恵が初めて仏事をおこない、『四十華厳経』を開題称讃し、問答講をおこなった。そして長日の勤行としては、『心経』を転読することとし、それらの費用は、藤原雅経（参議で、承久三年三月十一日死す）の夫人（大江広元の女）が深草にある所領の年貢から寄せたのである（『高山寺縁起』）。

『光明真言功能』

五月、明恵は仮名文の『光明真言功能』一巻をつくった（『行状』、『所作目録』）。五月十六日、『却温神呪経沙羅佉事』を、石蔵（いわくら）の定法師のためにしるしたが、これは建久四年正月十四日興然から受けたものであり、この後多くの人々に伝授された（『真聞集』一、『東寺金剛蔵聖教目録』四十、『御口伝』*）。

『入解脱門義』の講義

六月十六日には、石水院において一山の学衆に対して『入解脱門義』の講義を終えた（金沢文庫本『解脱門義聴集記』奥書）。この書は明恵の教学の中心をなすものである

（正面）

（梵字ばく）　華　宮　殿

建保元仁之比
前後数年坐禅
修練之地

（右面）

天福元季癸巳十月三日造立之

（背面）

天福季中所造立板率都婆朽損仍
元亨二年壬戌十二月一日以石造替供養
於梵漢之字者任古畢。願主比丘尼明雲

華宮殿石塔婆☆

遺跡窟石塔婆☆

（正面）

（梵字ばく）　遺　跡　窟

元仁隠居之比時々
詣此窟坐禅入観
擬西天雙輪之石而
立此石

（右面）

天福元季癸巳十月三日造立之

（背面）

天福季中所造立板率都婆朽損　仍
元亨二年壬戌十二月九日以石造替供養
於梵漢之字者任古畢。願主比丘尼明雲

湛慶のため始木を加持す

から、高山寺に学ぶ僧全部を相手に講ぜられたもので、喜海がノートをとり、それが後に高信により編集された『聴集記』の基礎になった。この『入解脱門義』の講義は、翌々年にもおこなわれた。

八月三日に仏師湛慶の地蔵十輪院の阿弥陀像の始木(しぼく)を加持している（『旧事見聞集記』『大日本史料』五之五所引）。湛慶との関係が深いことは、その作品が多く高山寺に存していることでも考えられるが、これもそれを裏書する事例である。

十一月二十日改元されて、元仁元年となった。この冬、明恵は石水院の背後の楞伽(りょうが)

遺跡窟（仏足石跡）をのぞむ☆

山の峯にこもった（『行状』『和歌集』。その間の別記『楞伽山伝』は今伝わらないが、『伝記』『和歌集』に引かれている）。この山の中の遺蹟は、羅婆坊（これらの遺蹟には、天福元年の板塔婆を元亨二年に石に改めた塔婆があり、その銘は景山氏論文（前掲）に見えているのであげておく。「元仁嘉禄の比、華宮殿隠居の時、真言行法の道場なり」）・華宮殿（「建保・元仁の比、前後数年坐禅修練の地」）・遺跡窟（「元仁隠居の比、時々この窟に詣り坐禅入観す。西天雙輪の石に擬してこの名を立つ」）・縄床樹（「元仁元年の比、楞伽山閑居の時にこの樹を以って坐禅入観の床樹となす。又定心石と名づく」）などがある。これらのうちでは華宮殿は山の頂上に近く、随分急なところで、谷に懸け造りの建物があり、それを『入楞伽経』にいう羅婆那夜叉王が如来のために化作した宝華宮殿に准じ、その下の庵室はその王の住所に因んで羅婆坊とよばれた。華宮殿の東の高欄の上には、紀州の海よりもたらした、かの蘇婆石を安置してあったという（『縁起』）。また縄床樹は、かの成忍筆の坐禅像（巻頭口絵）に見えているものである。

楞伽山における坐禅中の好相

この楞伽山中におけるいろいろな夢相が、『行状』に伝えられている。ある時、坐禅の間、つねに阿弥陀仏を見、光明も来り照した。それは阿弥陀が、金剛界の五智如来でいえば、妙観察智にあたるからであると思った。ある時、坐禅をしている夢で、貴い客が無数の眷属（けんぞく）と共にあらわれた。心に思うには、ここは峯が高く谷が深いのに何処にいらっしゃるのかと見ると、虚空（こくう）をかけていらした。またある時、自分は色究竟天（しきくきようてん）（色界の頂上に近いところ）よりも高く、色究竟天を目の下に見るように見、三界（欲界・色界・無色界）のうちでは自分より高いものはないと思って覚めた。また、十二縁起というものをこえていくと、老死という死人があり、こえようとしても、恐ろしくおぼえてこえられぬ。その後また同じく老死のところで恐怖をおぼえ、今度はこえようと思い、その上をおどりすぎた、と夢みたという。

　この坐禅の間には、好相を得たのみではなく、歌もおのずから多く出来たらしい。『和歌集』にもかなり伝えられている（おそらく『楞伽山伝』には沢山あったであろう）。

　同元仁元年十二月十二日のよる、天くもり月くらきに、花宮殿に入て坐禅す。やうやく中夜にいたりて出観ののち、峯の房（花宮殿）をいでゝ下房（羅婆坊）へかへる時、月くもまよりいでゝ、光ゆきにかゞやく。狼の谷にほゆるも、月をともとして、いとをそろしからず。下房に入りてのち、又たちいでたれば、月又くもりにけり。かくしつゝ後夜のかねのをときこゆれば、又峯の房へのぼるに月も又雲よりいでゝみちをおくる。峯にいたりて禅堂に入らむとする時、月又雲をおひきて、向の峯にかくれなむとするよそをひ、人しれず月の我にともなふかとみゆれば、二首

雲をいでゝ我にともなふ冬の月風やみにしむ雲やつめたき

山のはにかたぶくをみをきて、みねの禅堂にいたる時、

山のはにわれもいりなむ月もいれよなく〳〵ごとにまたともとせむ

月を友とする明恵の気持をそのままにうたったものである。十二月の末、やはり華宮殿での坐禅観行からでてのち、暗闇の中を縁をしずかに歩きながら、次の歌をよんだ。

たわぶれのまどをも月はすゝむらんすますともにはくらきよはこそ

縄床樹坐禅の歌

翌元仁二年正月十二日、吹雪の中を縄床樹で坐禅していて、坐禅の終ったのちによんだのが、次の歌で、衣裏明珠（えりのみょうじゅ）の喩（たとえ）（『法華経』五百授記品と見える喩。友から無価の宝珠を衣裏に付けられたのを酔っていて知らなかったという）を思ったものという（『新勅撰和歌集』十、『伝記』）。

松のした岩根の苔にすみぞめの袖のあられやかけし白玉

この歌を仁和寺浄定院の行寛におくったところ、返しをもらったので、十三日また次の一首でこたえた（『和歌集』）。

かけをきしころものうらのたまをえていはねにときて光をぞまつ

仏生会を始む

この年（元仁二年四月二十日改元嘉禄元年）四月八日、初めて仏生会（ぶっしょうえ）をおこない、そのため『仏生会講式*』をその前日に、羅婆坊（らばぼう）においてつくった。如来の誕生の日は、衆生を歓喜せしむるために世に出現したという経文もあり、涅槃会のみで仏生会をやらぬのは、片手落だということから始められたのである。

栂尾の説戒始まる

嘉禄元年六月十五日、栂尾の本堂で説戒が初めておこなわれた。これは『梵網菩薩戒本』により、十重戒は全部、四十八軽戒からは一二或いは三四戒を講じたもので、衆僧が列坐して十重戒の文を誦した。この席には信者も列なり、いろいろな霊瑞、そのうちには療病のことなどもあったと伝えられている。この説戒は十五日と晦日との両度、高山寺恒例の行としておこなわれ、後には非常に多くの人々を集めることとなった（『行状』）。

羅漢堂

賀茂にあった禅堂の一つを移して羅漢堂とし、七月十四日、本堂にあった賓頭盧尊者像（十六羅漢の第一）をうつし、十五日には十六羅漢絵像（俊賀が唐本から写したもの）を安置した。

鎮守三社の造営

八月十六日には、仁和寺の行寛の力によってつくられた高山寺の鎮守、即ち白光神（天竺雪山の神。禅法をまもるという）・善妙神（新羅の神。華厳をまもる）・春日大明神の社壇に、白光神・善妙神の像が安置された（『縁起』）。（春日の神像は納められなかった。）行寛は、この日『八十華厳経』を社に奉納し、開題供養した（その一部は現存し、その願文（原本高山寺蔵。『漢文行状』別記所収）には明恵に対する手厚い心持がのべられている）。

五秘密

『夢之記』（神田喜一郎氏蔵本*）によれば、この八月十二日より五秘密法を修したという。

八月十日の夜、禅堂で坐禅しながらの夢に、五秘密の図像の中尊が、明恵に語りかけたと見たという。五秘密は、晩年の明恵には最も関心のあったもののようで、弟子にもこれに関する法語を多くさずけている。

神護寺納涼坊伝法会を始む

九月四日、神護寺納涼坊の伝法会の学頭をつとめた。この時の明恵の告文（こうもん）（自筆『神護寺文書』八）には次のような意味がのべられている。神護寺が荒廃してから久しく、文覚上人が復興しようとされたが、堂塔僧坊を建てることが先で、それも出来上らず中絶していた。ところが、貞応年中に後高倉院が所領

神護寺納涼坊（大師堂）

荘園を寄進されたので、ここに法会をおこなうことができるようになった。ところが学頭となるべき人が居ないということで、衆僧が決議して、高弁を法匠として迎えるということになったので、なまじいに座に列なり、数人の学徒とこの会を始める、というのである。これでも大体の事情はわかるが、文覚の寂後、いろいろな困難な事情にも拘らず上覚の努力してきた高雄の復興がここに一段落となり、初めて仏事をおこなうことになったのである。明恵を学頭に招いたのは、やはり上覚の意によるのであろうか。この時は『菩提心論』（不空訳。密教において菩提を求める方法をのべたもの）が談ぜられた。会は十日までの六日間おこなわれ、毎日の参加者は凡そ十一－二人であったが、七日までの四日間だけ明恵が出席している（『神護寺文書』十）。この時の明恵の言葉を隆詮（りゅうせん）が記録したノート『納涼坊談義記』が伝わっている（慶応義塾図書館蔵）。

自著を学衆に講ず

翌嘉祿二年になり、正月十八日、石水院において『花厳信種義』の講義がおこなわれた。更に四月四日には『入解脱門義』を一山の学衆十余人に講じ終った。

『解脱門義』の講義は、二度目で、今度は了達房が籠居し始めたので、初めはかれのために講じたのに、十余人で聞くようになったという（金沢文庫本『解脱門義聴集記』奥書）。さて自行はというと、六月一日から三時に五秘密法を修し、光明真言法も兼ね修し、同十五日朝から宝楼閣法を修したという（『夢記』神田本*）。また七月六日には、東大寺尊勝院の仏事のために、同院の聖詮の求めにこたえて『盂蘭盆経惣釈*』一帖をつくった。聖詮は、弁暁の弟子で、青年時にはその教えをうけたこともあったのである。この七月、高野五室法印御房の請に応じて『千手陀羅尼*』一巻を写し、声点・句点を朱で加えておくった（『仁和寺文書』十二）。高野山との関係が、ここに見られる。

貴族の檀那との和歌の贈答

この夏のころ、西園寺公経・九条道家との和歌の贈答があり、八月十四日には富小路（とみのこうじ）盛兼が栂尾に来り、八斎戒をうけ自誓の作法を保つことを約し、翌日その書状にこたえ、返歌をおくった。これらの貴族との交渉は、いずれも深い尊敬と帰依を寄せられたのであろう。七月二十六日の仁和寺の行寛との贈答もそうであ

上覚との和歌贈答

ろうが、七月二十一日の上覚との贈答は明恵にとって、より深い感慨を催したものでなかったろうか（『和歌集』）。

同七月二十一日に上覚御房よりをほせつかはさる

みることはみなつねならぬうきよかなゆめかとみゆることのはかなさ

御報

ながきよの夢をゆめぞとしるきみやさめてまよへる人をたすけむ

紀州の白崎での行法

明恵は九月の上旬紀州に下り、その十一日には白崎の大石室（中間禅と名づく）に入り五秘密法を修し、その間、随った道俗は、水中の衆生のために光明真言百返を唱えた。石室の壁には、五秘密曼荼羅や光明真言を書いた。この行法の時、しいていた石をもちかえり、房の前においていたという（『漢文行状』別記小石ノ間ノ事）。そして、九月二十日の夕には上洛している（『和歌集』）。

上覚の入滅

ところが十月十九日には、上覚房行慈の入滅を迎えるという悲しいことになった。行慈は、これより前から病んでいたらしいが、九月二十八日付の若狭（福井県）西津庄に関する文書（『神護寺文書』八）では、「病悩已に極まるの間、毎事忘却、追て之を注す」とかき、筆跡の乱れも感ぜられる。明恵は、おそらくその入滅に侍したのであろう。上覚の棺に、明恵が自ら真言・種子を書いたと伝えられている（『棺書種子真言等定真の奥書による』）。しかし、明恵が上覚とわかれた寂しさを、直接に語る史料を見出すことはできないのである。

松尾の多宝塔供養の導師をつとめる

翌嘉祿三年には明恵は五十五となった。三月二十四日、松尾の慶政が多宝塔を供養した。明恵はその導師をつとめた。百僧供というから盛んな法会であったろうが、詳しいことはわからない（『百錬抄』）。おそらく慶政の住していた松尾の寺、後の法華山寺の多宝塔かと思われる。

五月六日、石水院の庵室において、照静ら数人の同行に『華厳経出現品疏』（澄観の疏第四十九）を談じた（大東急文庫蔵）。同月十四日、隆弁に春和天などの種子・真言を伝授し

『光明真言加持土沙義』をつくる

た（『真聞集』二）。そして同月十六日には、石水院において、『光明真言加持土沙義』一巻をつくった（同書序『行状』）。巻頭に新羅の元暁の『遊心安楽道』の光明真言の功徳を説いた文をひき、土沙が如来の加持（仏の力が衆生に加わり、衆生がその力を感じたもつ）により全く光明真言となり功徳を与えるものであることを説いている。また石水院の西には盤石があり、東に流れる清水の中から土沙をとって加持する、とあるのは、石水院の位置を語るものであろう（明治移転前にあった所、いわゆる石水院址であろうか）。

三重塔の建立はじまる

覚厳

八月二十九日、三重宝塔の棟上げがおこなわれた。これは覚厳が発起して建てようとしたもので、翌々年になって完成する。覚厳は、高山寺の堂塔を整備するために多大の尽力をした僧で、経済的にも力があったらしい。どんな人かよくわからないのは残念であるが、寛喜二年五月八日に広隆寺北僧坊で『中観論疏記』を書写している阿耨坊（あのくぼう）覚厳（『三論宗沙門』）がその同人であるとすれば（『大日本史料』五編之六）、広隆寺の僧ということになる。なお、覚厳は嘉禎二年（一二三六）九月二十二日に寂した（『縁起』）。

七月二十七日には北山の西園寺家の別邸におもむき、赤痢で病あつかった公経夫人（一条能保女、九条道家夫人の母）を出家させた。夫人が明恵房を請ずることを切に願ったという。出家させた後、懺法（せんぼう）をおこない、それから臨終の作法として、西に家もなく、遙かに山の端を望むという観念をこらすように指示したという（『明月記』七月二十八日条）。明恵は八月六日にも行き、善恵房証空（法然の弟子、西山派の祖このとき五十一歳）と行き会っている。その日、夫人はなくなった（『明月記』）。

西園寺の北山山荘に行く

その翌九月十九日には修明門院から召され、授戒している（『民経記』。同記には女院の名が明らかでないが、『明月記』二十日条によって推測する）。このころ疫病がはやり、女院方がお悪かったらしいから、これは治病を目的とした授戒であろう。修明門院には、さきに『八斎戒作法』をすすめたことがあり、帰依をうけていたのである。

修明門院に授戒

実朝の遺臣の葛山景倫（かつらやまかげとも）入道願性は、実朝の死後、高野山に登り、金剛三昧院の

由良西方寺の開堂供養に行く

別当となったが、やがてかれが地頭職をもつ由良庄に一寺を建て、実朝の頭骨を納めた塔を立てようと志し、この年十月十五日に開堂供養をおこなった。この供養の導師として明恵は招かれたという（『円明国師行実年譜』）。この寺の建立には政子の意志もあったようであるし、大蓮房覚智も金剛三昧院と関係が深かったのであるから、明恵が招請されたのは、そういう関係からであろう。

同行への述懐

嘉禄三年は十二月十日安貞と改元された。その翌二年の春夏は、さして見るべきことがないようである。七月九日、禅浄房に青年のころの思い出話をしている（『上人之事』）。白上で右の耳を切ったこと、文殊出現のことなどである。『却廃忘記』をかいた寂恵房長円も、この禅浄房と共に聞いたことがあるし、これらの年若い同行たちに法話の折には、古（いにしえ）の述懐も交え、その志を励ましたのである。この年七月十一日の夜、明恵は侍者の定竜をして、高信（順性房）・証禅（尊順房）・円弁（了達房）らに次の歌をおくった（『和歌集』）。

秋の夜はわきぞかねつるきよたきのなみにともなふみねのまつかぜ

高信は後に『縁起』『漢文行状』『和歌集』『遺訓』を編し、そのほか明恵の言葉を後世に伝えるのに努力した人である。この時、三十六歳であった（『解脱門義聴集記』）。

禅堂院の移転

この七月二十日、石水院の後ろの谷から洪水が出て、水難にかかったので、同院の地域にあった禅堂院を、今の開山堂のある石垣を周囲にめぐらした地に移した（『行状』『縁起』景山氏前掲論文）。それは石水院からは一段下のところであり、坐禅観行には必ずしも適していなかったようである。

なお、九月十一日、三時礼のころからの信者である孝道が、病により受戒している（伏見宮御記録音楽部所収『新夜鶴抄』＊）。

『光明真言土沙勧信記』をかく

この九月のころから、光明真言で土沙を加持し、それを亡者の菩提をとぶらい、病その他の災をのぞくために用いることを、多くおこなうようになった。その好相もいろいろあったという（『行状』）。そこで、十一月九日、禅堂院において『光明真言土沙勧信記』二巻をあらわし、仮名交り文でやさしく、その信仰をすすめたのである。それは『遊心安楽道』の文をひいて解説している点では、前年の『土沙加持義』と同じく、その普及版ともいえよう。下巻に、例をあげているうちに、かの侍者の定竜が貞応元年八月二十八日に重病になり、一旦は閻魔王の世界におもむいたが、光明真言を唱えて蘇生した話がある。更に十二月二十六日に『別記』をしるし、その信仰をすすめるためいろいろとのべている。そのうち、現世には光明真言を持念し、後生には土沙の利益を信ずべきことをのべ、また功徳を得るにはただ様もなく真言を信じて受持すればよい。喩ば、いろいろな食物を食べて命をたもつようなものだといっている。信仰が根本であることを説いているのである。なお『勧信記』上の新羅の元暁についての記述と、『華厳縁起絵巻』の元暁の項とが似ているので、『縁起絵巻』の元暁の部分の製作年時をこの光明真言土沙加持の鼓吹と関係づけて考える説がある（梅津次郎氏「義湘・元暁絵の成立」（『美術研究』五ノ四））。

様もなく真言を信ぜよ

明恵の光明真言普及は、少数の信者を相手としたものではあったが、光明真言をとりあげたことに意味があり、やがて叡尊の西大寺の光明真言会として民衆に光明真言が普及する前提をなしたものといわれている（櫛田良洪氏「中世光明真言信仰の勃興と浄土教」〈『石井教授還暦記念仏教論攷』〉）。

翌三年二月八日、比丘尼真覚房が、明恵のもとに来て中宮権大夫の侍、監物藤原ためひさというものが土沙を守りとしており、正月二十三日の夜、不思議な夢相を得たといって、その夢相記をもたらしている（大東急文庫蔵『別記』跋）。明恵の加持した土沙が、かなり普及していることが知られる。

三月五日、寛喜と改元された。その十一日の行寛（仁和寺浄定院）との和歌の贈答がある（『和歌集』）。

説戒の盛況

五月十五日の説戒には、定家の妻子が興心房に伴われて参加している。定家は、この栂尾の十五日・晦日の説戒には、天下の道俗が仏在世の如くその場につらなっているとのべ、自分は混雑するところを好まないから行かないが、貴族が多く、非人や貧しい者が教化にもれているのは悲しいことであると感想をのべている。更に同月晦日の説戒では、非常に沢山の人々が群集し、やかましく、とても説法できる状態ではなかったので、明恵は話をせずに引込んでしまった、という評判をのべている（『明月記』）。

極楽往生と兜率上生についての法話

六月十日、ある僧（親類で明恵から受法したという）が、これまでわたくしは、阿弥陀仏の極楽世界への往生を志してきたが（もとより専修念仏でない）、師は弥勒の兜率天への上生を願われている。師にならって兜率上生を願おうと思うが如何とたずねた。明恵はこれに対して、それをとめ、華厳宗では阿弥陀仏を釈迦と同体で、その分身の仏というし、また阿弥陀仏が、来迎を特別の願としているのは他に異るものであると、阿弥陀の徳を説き、『遊心安楽道』をひいて、それぞれ行者の生れながら属するところがあり、その属するところに従ってすみやかに道を得べきであるから、弥陀と弥勒を区別してはならず、極楽と兜率とどちらがやさしいか、などということに思いわずらうべきではないといったのである（『真聞集』末）。もとより専修念仏流の信仰を認めたのでもなく、密教の絶対肯定的な思想のあらわれで当然ともいえようが、そこには晩年の明恵のしずかな自由な気持があったことを思うのである。

三重塔の意味

　六月二十七日に三重宝塔に安置した文殊像（宗慶の作）が、明恵により開眼供養された。覚厳の願による三重宝塔の完成した時は明らかでないが、寛喜四年正月十八日明恵の示寂を前にして急ぎ開眼供養がおこなわれたところを見ると、完成はそれに近い時であったろう。しかし「右宝塔の五聖、五秘密等の本尊は、顕密修行の秘奥、上人自証の肝心なり」と高信がのべているから（『縁起』）、ここにその大体の構造をのべておこう。即ち中尊の木像毘盧舎那仏（西園寺公経が願主、湛慶作）を中心に、文殊・普賢・観音・弥勒の像の五尊を安置した後壁の正面には、五秘密曼荼羅が、その背後には華厳善財善知識、四本の柱の絵は、華厳海会聖衆曼荼羅、東西北三方の扉には六天の像が、それぞれ俊賀によりえがかれた（『縁起』）。この毘盧遮那・文殊・普賢・

観音・弥勒の五聖と五秘密（金剛薩埵・欲・触・愛・慢金剛）との相応するところが、高信の「上人自証の肝心」として注意しているところであり、その道理は『秘宝蔵』において説かれているもので、それをここに形の上にあらわしたものといえるであろう。

定真の起請

空達房定真は、もと神護寺僧であり、栂尾にうつったものであるが、七月十七日に高雄に還住せず、栂尾に余命を送ることを誓った起請文をかいている（『三千院文書』＊）。起請文の文面では事情は明らかではないが、神護寺の方から好条件で還住すべき旨を求められ、それを辞退したものではないかと思われる。定真の栂尾の房は方便智院で、その弟子の仁真によって多くの聖教が写され、現在まで伝わっている。

『光明真言句義釈』の講義

八月二十一日に『光明真言句義釈』を講じ終った。結衆二十余人という（『仁和寺採訪目録』）。翌二十二日の『土沙義』の講義も、正達房以下十九人が聞いた（『栂尾御物語』上）。この時の講義とはきめられないが、『句義釈』の講義の席で、次のようなことをのべた

学問と信仰

ことがあった。例えば、この脇足とか鼓と菩提心との関係を厳密に論ずるという

迷悟のつぼ

のは、顕教の学問であるが、そういう事を初心の者は聞くまじきである。あまり知識欲があり聞きたがれば、聞くに随って物事が理解できるけれども、そのすえにはいくら聞いても役に立たぬ、もう聞くまい、とゆがんでしまう。心が諸仏の功徳を信じて、ともかくも真直に行くということが、学者としてはどうかわからないが、諸仏菩薩の御前には、それがまことである。近頃の学問論議は、一つはこう、二つはこうと論じて、結局おちつくところがなく、論じ合うのみである。この点に迷悟のつぼがある、という意味の言葉である（『光明真言句義釈聴集記』）。学問と信仰との関係について、明恵はかようにのべているのである。

神護寺の講堂供養の導師をつとむ

十月六日には神護寺の講堂の落成供養が、北白河院（後高倉院妃で後堀河院・尊性・道深法親王・式乾門院の御母。貞応元年准三后、出家、院号宣下）の御願としておこなわれ、その導師を明恵がつとめた（『神護寺文書』五）。同十五日には、西園寺公経の夫人の墓所の小堂の供養の導師をつとめ、同十八日には、公経の邸に訪れて、そこで定家と会っている（『明月記』）。

栂尾の寺内では、十月十五日鎮守三社を西山のふもとに移した。西経蔵（宋本福州板一切経をおさむ）が建築されることになったからであるという。この冬、楞伽山のふもとの東の谷に三加禅の庵室がつくられたが、一―二月で居住をやめにし、翌二年にその庵室をうつし禅河院とし、四壁を築地とし、固く門戸をとざして修練したのである（『縁起』。景山氏前掲論文）。禅河院というのは、清滝川を西天の伽耶（がや）城の尼連禅河になぞらえて、名づけたものである。またこの年、大門が覚厳によりつくられ、阿弥陀堂（参議雅経夫人の施入した）も移建されたという。

覚真の便り

十一月十九日付で海住山寺の慈心房覚真（もと民部卿長房）から明恵にあてた書状がある。それは北斗真言の染普タマということのよみ方についてたずね、真言師はみな梵語にくらく、しかたがないといったのち、「御庵室辺に人みな淫酒を断ち候。常の如く思ひ出られて候」とのべ、来年閏正月には上洛して、一宿したいといっている（『高山寺文書』七）。覚真は、栂尾に集まった同行たちのまじめな態度を、思いやって慕わしく感じたのである。

亡父の追善など

寛喜二年、明恵は五十八歳となった。正月十八日、九条道家の邸に至り説法した。たまたま定家もこれを聞き、感激したらしい。二十七日には前斎宮熙子内親王（後鳥羽院皇女）の出家の戒師をつとめている。そのころ明恵は、亡父の五十年にあたるので、追善のためその遺蹟において一夏ほど籠居したいという希望をもらしたので、それを聞かれた仁和寺の道助法親王（後鳥羽院皇子）が、寛済法印を以ってとどめられた。そこで、明恵は仰せをうけたまわった上は、思いとどまる旨を書状で申上げたという（いずれも『明月記』）。その遺蹟は何処をさすのか、わからない。時の人々は明恵が遠所におもむくのを悲んだ、とあるから、上総かとも思われるが、おそらくは紀州の旧居の地であろう。しかし、きめることはできない。

高山寺の四至が公認される

『縁起』によれば、高山寺の四至を定め、官符を申し下すことにつき、正月二十三日に慈心房覚真（長房）が明恵と申し合せたとあるから、昨年末の約束よりはい

高山寺絵図（部分）（神護寺蔵）☆

くらか早いけれども、上洛して話し合ったのであろう。同二十六日に一山の衆二十余人と百姓十人とが四至を実際にしらべ、絵図をつくり、閏正月三日に覚真と仁和寺の道助法親王とにすすめた。そして同十日、太政官牒が下され、高山寺と善妙寺の四至が定められ、そのうちにおける殺生を禁ずることを定められた。同十三日、官使が来り、堺の牓示を打ったのである。この時、作られた絵図があり、当時の栂尾の模様を偲ばせる（神護寺絵図と共に神護寺蔵）。

不食の病をやむ

この年の二月十五日の涅槃会の朝から、不食の病をわずらった（『行状』）。そして、二月の末から三月にかけては、飯類がのどに通らないという噂が、定家の耳にも達したのである（『明月記』三月三日条）。この病中に、善財童子の五十五善知識について、吟味を加えて、十通りの見方を考え出し、同行らにさずけたのである（『行状』）。そのころ、ある夜の夢に、入唐するような気持で、数人の同行と一緒に行き、ある処で、五十五善知識の木像があり、拝んでいると、生きた人のようになった。普賢菩薩から逆の順に海雲比丘・徳雲比丘の辺まで拝んで、不思議なことであると思い、来生のことを問おうと思ったが、このようにお目にかかりながら、後生はどうでしょうなどと問い奉るのは、おろかであると思ったら、目覚めたという。このような夢相は、病中に多かった（『行状』）。

定真への付法

五月の末（二十八日）から六月（二十四日）にかけ、禅河院において定真に『宝楼閣次第*』『光明真言事』*（仁和寺蔵）『加持土沙作法』*などを授けている。病は、やや落付いたものであろうか。しかし『梅尾説戒日記』（長円の記）に、二月晦日から七月晦日までの説戒は、円道房と禅浄房が明恵の代りをし、八月十五日から明恵が再び説戒するようになったとあるから、そのころ本復したのであろう。そして、十一月まで、毎月二度説戒に出席し、説教したことが知られる。その席には、喜海のような宿老を含め、一山の衆、十余人が着座したのである。

この説戒会は『明月記』の記事でわかるように、多くの人々が群集したものであったが、信者が目当てのものではなく、一山の衆僧が学道観行に励んで行く上での根本の行とされたもので、各自がその席につらなり反省し、善をすすめるところに目的があり、出京する場合も一々届け、日帰りでない場合は同法と共に泊ることを定め、善妙寺の尼衆との関係にも注意が加えられている（寛喜四年正月十一日置文）。その説戒の席での説法の様子は、初めに三帰戒（仏・法・僧に帰依）について説かれ、それから

仏あら尊とや

三聚浄戒（摂律儀戒・摂善法戒・摂衆生戒）、更に十重戒及び四十八軽戒の一―二戒について説明し、最後に十重戒の文をとなえる、というふうであった。『説戒日記』には、九月十五日の三帰戒を説いた法話が、かなり詳しく記されている。そのうちには「只今日の女房在家人等の御学問には、無間（むげん）猛火の中にても、仏の御弟子の一分にもれざるらむことこそ、うれしけれと思食（おぼしめす）までを、御所得（しょとく）とせさせ給べし、仏あらたふとやと思ひ、法花・々厳等の経教、何と義理を知らねども、転読の声をも聞て骨髄にとをり、普賢・文殊等乃至（ないし）ならびなき祖師・先徳なんどの御徳を聞て、あはれ僧とならば、あれかやうならばやなんど、誠に心に渇仰（かつごう）せば、当来はねがひの如くに三宝の御弟子為（た）るべし」という一節の如きは、俗人の信者に聞かせる言葉であろう。もとより教相にわたるむずかしい話もあったらしいが、右のような話を晩年の明恵その人から聞けば、深い感銘を与えられたことであろう。

貴族との交渉

八月十六日飛鳥井（あすかい）雅経の未亡人（大江広元の女）が栂尾で死し、その歿後の事を沙汰した

『大法炬陀羅尼経要文集』（高山寺蔵）

（奥書）

見二此経宗趣一聖教之肝要、凡聖智母也。三言教蔵中、収二一代之金言一。在二初心凡位一、計二深位之聖智一、誠是照二長夜一之大法炬、持二仏智一之陀羅尼也。可二信重一可二修学一。仍抑二病苦一励二老眼一手自抄出之。

寛喜二年十一月六日夜

子時許望二燈下一記之。于時隠二居西山禅河院草庵一之間也。　沙門高弁

今夜夢想云、

有二一広博大堂一、日来半作也。今日已造畢云々。鈔二出此要文一之間、

（以下略）

といわれ、九月十三日には、松殿基房の女が木幡の山荘で出家する戒師をつとめている（『明月記』）。更に十一月十八日には、持明院殿におもむき北白河院ならびに道深法親王・尊性法親王（共に北白河院の御子）に授戒した（『金剛定院御室（道深）日次記』）。

『大法炬陀羅尼経要文集』

この冬『大法炬陀羅尼経』（二十巻。闍那崛多訳）から自ら抜き書をし『要文集』と題した。その奥書に「誠にこれ長夜を照すの大法炬、仏智を持するの陀羅尼なり。信重すべく修学すべし。仍て病苦を抑え、老眼を励まして、手自ら之を抄出す。寛喜二年十一月六日夜子時許り、燈下に望（臨）んで之を記す。時に西山禅河院の草庵に隠居するの間なり。沙門高弁」としるしてある。病苦を抑え……とあるのは注意される。

禅河院の隠居

禅河院は『縁起』によれば、寛喜二年に三加禅の庵室を移したものであるが、それは「置文」（寛喜四年正月十一日付）にも「草庵を寺門の外に構へ、一身之に閑居す」とあるように、一山の衆僧からはなれて観行をしようというつもりであった。この頃の

人師たることをやめようと考える

ものと思われる自筆消息断簡（『高山寺文書』六。「去比の御沙汰の物にて禅堂は此草庵の辺に運移候了」の句あり。禅河院の事か）にも、今は愚身も老後、余命の長短もわからないので、学問人師たることにはおちつかぬ気持である。もし学文の供料をいただけば、僧中に与え、学頭・学衆を定めて学文させ、愚身は一向に念誦坐禅の功をつみたい、という意味をのべている。「置文」にも「ここに予の本性を顧みるに、壮年の昔、猶徒衆を厭ふ。老後の今、何ぞ縁務を事とせん」とある。

こうして明恵は、高山寺の僧団を自らが中心となっておさめて行くことをやめ、その組織をきめようとしたのである。そのはっきりきまったのは、示寂の八日前の日付をもつ「置文」であるが、ほかにその草案とも思われるものが二通あり、それらを比べてみると、次第に明恵の考えがねり上げられていったことがわかる（草案一通は静海の写。置文も写で伝わっている）。いずれにせよ、この頃、禅河院にこもり、自行を専らにしようとしたが、漸く寺院としての建物も増し、僧衆も縁により来り加わるという状態で（明恵の方では出来るだけ来住の希望者を謝絶していても）、その増加した縁務は自ら処分しなければならぬ、ということになった。そのわずらわしさから自分が居なくても（病気のことも考えたであろうが）、僧団の運営がおこなわれるようにと、苦慮したのである。

最後の涅槃会

寛喜三年正月十一日、禅河院において『梵網経記』（上下二巻 唐伝奥述）を、講じ終った。喜海・性実・空弁がこれを聞いた。そして、二月十五日の涅槃会の講経は、明恵の涅槃会における最後の講経となったのである。

施無畏寺の供養におもむく

そして四月には、最後の紀州への旅をした。森景基が、白上峯のふもとの栖原（すはら）に一寺を建て観音を安置し、その四至（しし）のうちでの殺生を禁じ、生類に無畏（むい）を施す意味で、施無畏寺と号した。四月十七日におこなわれたその本堂の供養には、明恵が行き、湯浅一族が連署して殺生禁断を誓った文書に自ら袖判を加えた（『施無畏寺文書』）。景基は、宗重の長子宗景の子で、署名のうちには宗光（沙弥浄心）・左衛門尉宗業（その子）も

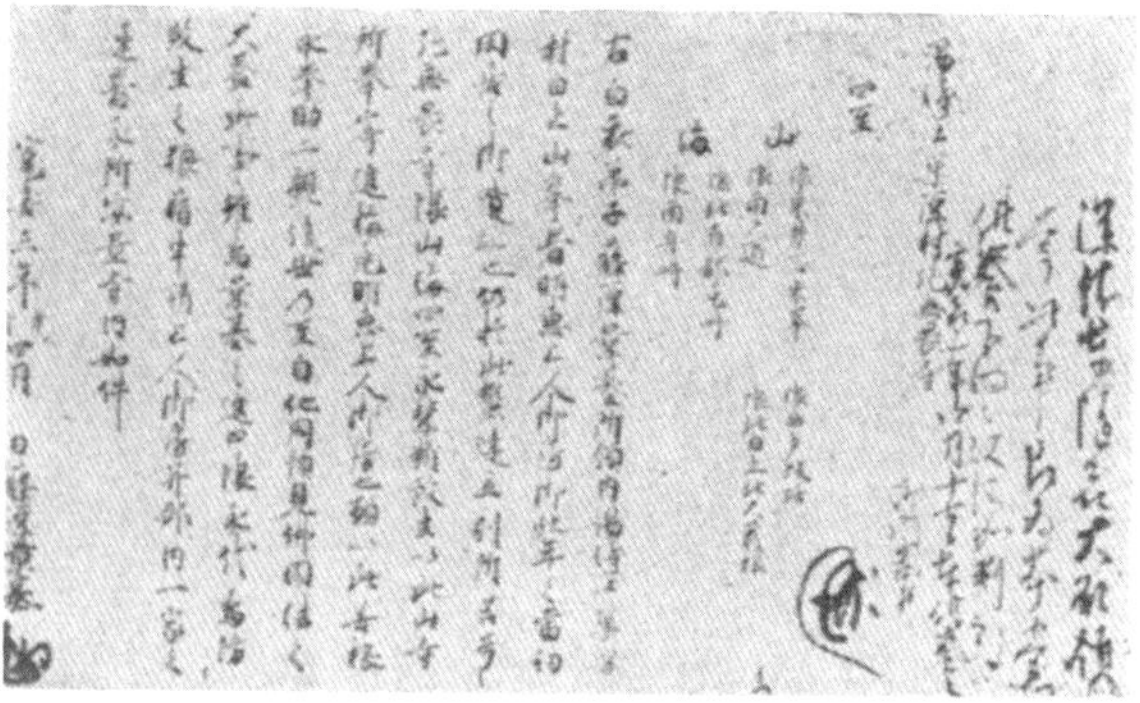

施無畏寺文書　森景基寄進状

湯浅庄巣原村施無畏寺　（外題の文は口絵参照）

四至

山　限東井谷東峯　限西多坂路
　　限南大道　　　限北白上北大巖根

海　限北南都尾崎
　　限南舟崎

右、白衣弟子藤原景基所領内、湯浅庄巣原村白上峯者、明恵上人御房御壮年之当初、閑居之御遺跡也。仍於ニ此麓一建ニ立別所一、名号ニ施無畏寺一。限ニ山海四至一、永禁ニ断殺生一。以ニ此山寺一所レ奉レ寄ニ進梅尾明恵上人御房一也。願以ニ此善根一永奉レ助ニ二親後世一、乃至自他同預ニ見仏聞法之大益一。此事雖レ為ニ景基之進止一、限ニ永代一為レ防ニ殺生之狼藉一、申ニ請上人御房并郡内一家之連署一永所レ安ニ置寺内一如レ件。

寛喜三年辛卯四月　日　　藤原景基（花押）

（次に殺生禁断を守るべきことを誓い、沙弥浄心以下の人々の連署がある。花押を加えたもの三十二名、名のみのが十六人である）

あり、凡そ四十八人を数える人名は、湯浅一族の範囲を示すものである。

病ふたたびおこる

その後、栂尾に帰り、七月六日定真に「愛染王持彼手印*」の口伝をさずけたことが知られるが、十月一日から痔の病が再びおこり、不食の気をもわずらうようになった。その十日の晩は殊に重態であったので、臨終のつもりで弥勒像の前で、弥勒の宝号を唱え、ようやく少しく落付いたという（『行状』）。この十月十日付で、かの覚厳にあてた書状の写*があり（『高山寺文書』五）、それには（端が少しかけているが）、九条道家・西園寺公経・富小路盛兼や仁和寺の行遍・行寛にも申し上げて扶持を願うとのべ、関東御辺（泰時をさすか）にも言上してほしい、仏法のため利益衆生のために申しおくと、高山寺の今後のことを依頼している。この事によっても、今更ながら覚厳の重みが察せられる。『縁起』によれば、明恵の毎日の食費も、覚厳が寄せていたという。

覚厳へ後事を託す

この後の臨終に至るまでの記事は、喜海の『行状』、定真の『備忘録*』（四年三月の手記）にも詳しいが、今は簡単にのべておきたい。定真は、諸人の感夢などを詳しくのべ、喜海は、最後の病中の説法と作法をこまかにのべている。

置文を定む

四年正月十日より重態になった。翌十一日「置文（おきぶみ）」が定められ、寺主定真・学頭喜海・知事霊典、説戒は信慶・性実という役割がきまった。そして、「すべて大事あらん時は、説戒列座の衆、和合して諸事、議定あるべきなり」と衆議を重んずべきことをのべてある。説戒の仁の選任、檀那よりの寄進をうけることにつき、特に注意を加えている。

明恵念珠画像（高山寺蔵）

最後の説法

この病中になり、病臥して後、却って自由な気持で、周囲の僧に法を説いたようで、しかも一生の間に学んだあらゆる教えを、ふりかえってみ、それを統一して理解できるようになったらしく、喜海のしるすところでは、大乗・小乗はいうまでもなく、外道の説も、孔老の教えも、すべて如来の定恵より発したものである。それらを見あきらめたのである。が根本とすべきは、人法二空の教えで、それがあらゆる聖者のふまれた妙理であると。こういう意味の言葉を、くり返してのべたらしい。

十二日には昼夜不断に文殊菩薩の五字真言を誦せしめた。十五日の初夜、弥勒の像に対して坐禅入観して数刻、ほとんど入滅かと疑われた。十八日辰時（午前九時頃）になり、もうその時が近づいたと思うといって、諸衆の不断真言をやめさせ、看病人五人ばかりで、真言を誦じ、弥勒の宝号を唱えた。更に十九日の辰一点（午前八時）になり、その時であると、看病人によりかかりながら安坐し、五聖に対し入観した後、種々述懐した。「我、宿善により諸仏菩薩の御たすけにより、聖教の宗旨に迷なく、如来の本意をたづねえたり。さらに末世のうらみなし。」とも語り、兜率上生の思いをのべ、「南無弥勒菩薩」と唱え、五秘密法の行法をおこない、「我昔所造諸悪業、皆由無始貪恚癡、従身語意之所生、一切我今皆懺悔」（『四十華厳』巻四十）の句を唱えた。そして定真に、年ごろ思惟観察してきた法門はすべて心に浮んで忘れないと語り、入滅の時、枕もとに近づいた喜海は、「我、戒を護る中より来る」という最後の言葉を聞いたという。

こうして六十歳の生涯を、禅堂院（前年八月の末ごろから臨終の道場にしようとして、土室（ぬりごめ）・ヒタヒツキ（額突、日常の部屋で、火を用いるところ）を設けたのである〈『行状』〉）においてしずかに終った。二十一日に

廟　堂

入滅後二十一年まで生身供がつづく

禅堂院の背後に葬った。その後、両三日、異香がきえなかったという。その後の法事、高山寺における遺弟の報恩の行などについては、省略したいが、ただ一言しておきたいのは、禅堂院における遺弟の奉仕である。禅堂院の学問所には、成忍が親しく眼耳の寸分を取り心を尽してえがいた、明恵画像（おそらくは、念珠像であろう。原本は剥落が著しい）がかけられ、その前の机には、明恵の生きていた時と同じように、持経・香炉・打鳴などがおかれ、脇息・硯箱・団扇・宝螺貝・火炉・水瓶などの什物も、その時のままで、水瓶にはその時の水がいれられ、朝と午の食はいうまでもなく、湯薬・灯燭など、生きた明恵に奉仕すると

明恵像（高山寺蔵）

同じように、寂後二十一年目の建長五年（一二五三）にも侍者の奉仕がつづけられていたのである（『縁起』、赤松俊秀氏「御影堂について」〈『鎌倉仏教の研究』所収〉）。なお、同年にかかれた『縁起』によれば、禅堂院の持仏堂には、縄床の坐禅処があり、その左の障子には縄床樹坐禅像（高山寺蔵の絹本で剝落補綴の甚しいものが、それであろうといわれる。その賛（写）の末に「恵日房成忍筆」とある。口絵のは紙本で同筆と見られる。森暢氏「明恵上人の画像に就いて」〈『八雲』三〉参照）が明恵の生前から押しつけてあり、その傍には慈心房覚心の像（成忍筆）があり、更に宝塔への渡廊には明恵の木像が安置してあったという（現在開山堂にあるものであろう。前ページ写真）。

六　面　影

自然のうちにいきる

ある時、寂恵房と禅忍房が、禅堂院の明恵のところに行った時、そこの障子をあけて御覧ぜよ。あの向いの山のふもとにたなびいている雲も、まことに面白いではないか、と語ったという（『却癈忘記』）。明恵の歌、殊に楞伽山（りょうが）における月や雲をよんだ歌には、この話と同じように、自然に対する豊かな感受性をもち、そのうちにはいりこんでいる趣きが、うかがわれる。白上に栂尾に、自然と一つになってくらしたものといえよう。

自然を愛するということは、人間についても、無理のない、ポーズをことさらにつくらない態度がよろこばれた、といえる。そこに、かの「あるべきやうわ」という言葉もうまれたのであろう。

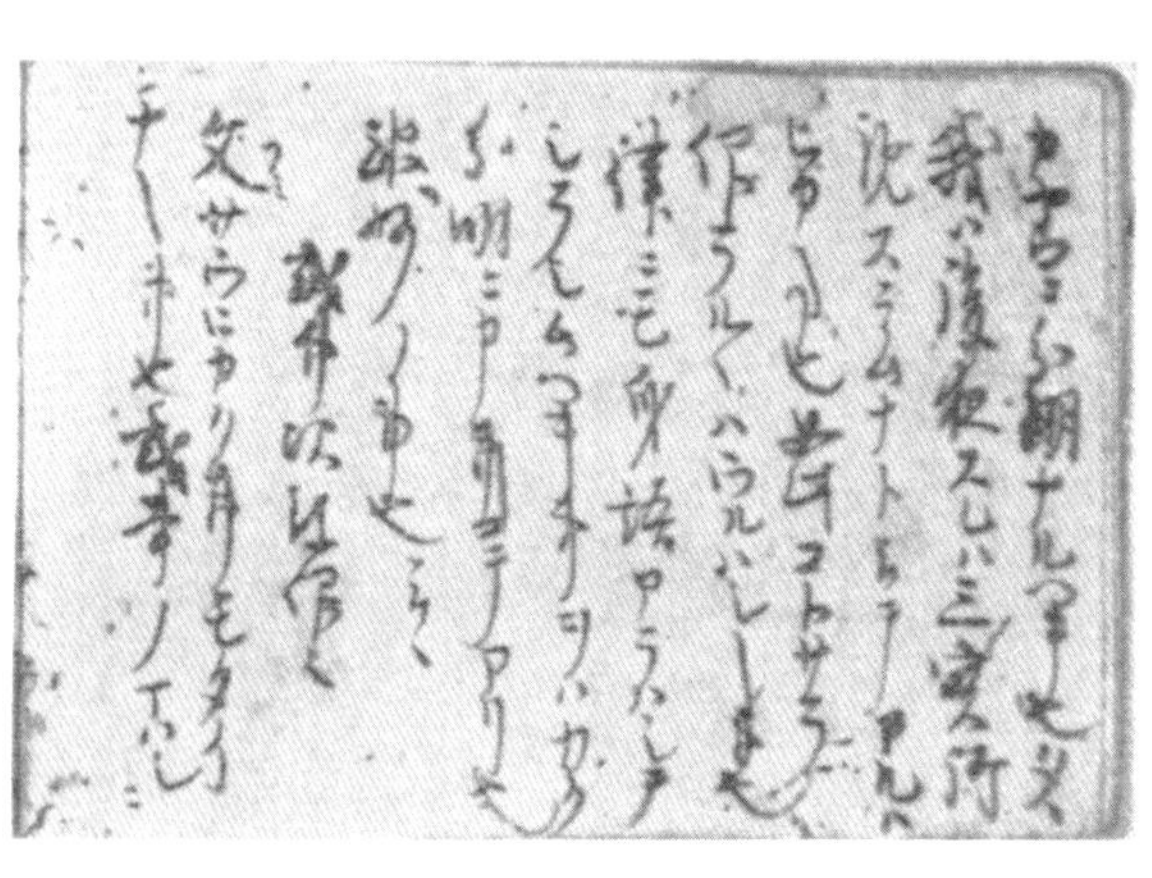

記』上　（部分）（高山寺蔵）

カヤウニ分明ナルヘキ也。タヽ我ハ後夜スレハ三宝御覧スラムナト云テアルハヒカ事也。如此コトサラ仰ラルヽハウルハシキ事也。律ニモ身語アラハシテシラシムヘキ事ヲハカク分明ニ申事ニテアリ也神妙ノ事也云々。

或事次被仰云。

文(フミ)サウニカク事モタイナキ事也。或書ノマハシニ相書スヘカラス。真書スヘシトイヘリ。イカサマニモ聖教相にカク事大ナルヒカ事也。仏在世ナラハヽ物サウニカクヘカラストイフ戒モ一ッ結セラルヘシ。

二百五十戒ハ其綱要（量）ヲアクト云ヘリ。コノ定ニ准シテフルマヘトナリ。此二百五十ヲ大綱ニテコレニ准例シテフルマヘトコソアレハ、実ニ無辺ノ威儀事ニヨリ時ニノソミテアルヘキ也。タヽコヽロノシツホウニ実アルフルマヒハ、ヲノツカラ戒法ニ付合スヘキ也。

又達磨宗ナントイフ事ハ、在家人等ノタメニコトニカナフマシキ事也。

又随求タラニナトヨミテオハシマサムハ、某甲

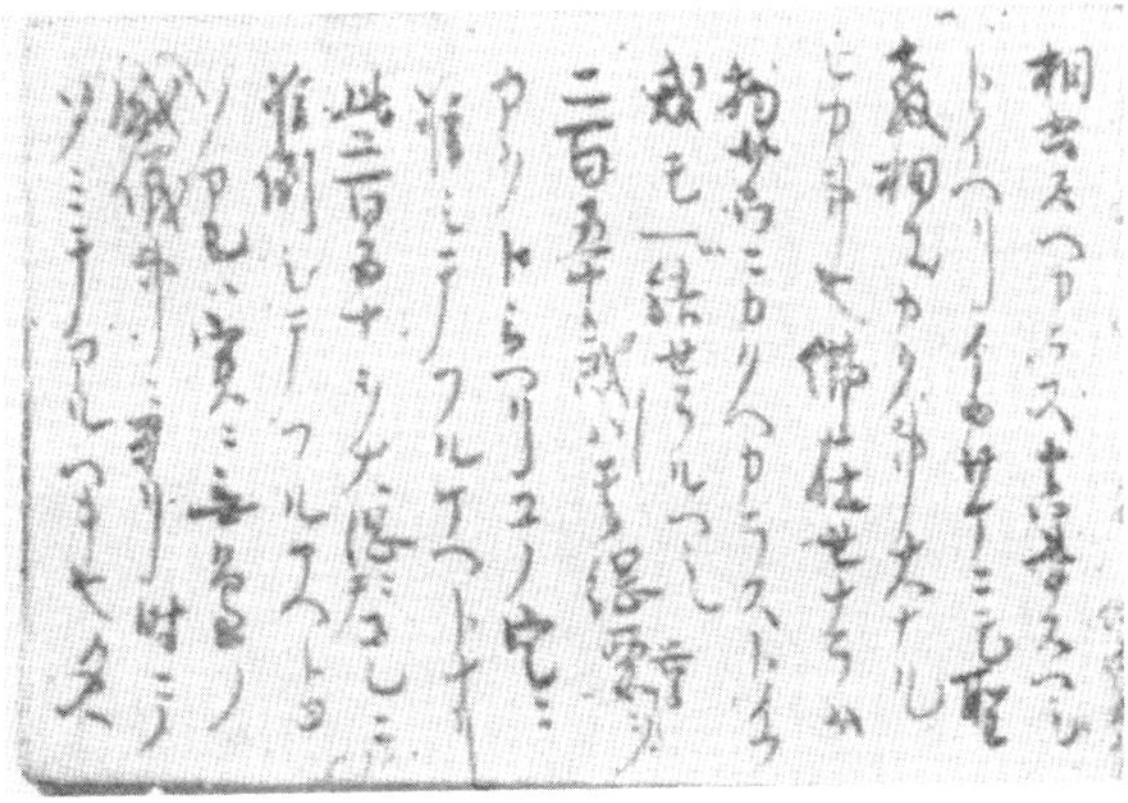

「あるべきやうわ」

『却廃忘』

カ門流ニテコソオハシマサムスレ云々。又ミヽスナトニ光明真言ハシ、ヨクミテカケサセ給ハん人ソ、高―カ弟子ニテハオハシマサムスル。又善妙寺ニ我カ流ハ多トマリテ候也。申事トモヽソライタラテ、カマヘテタモタムトシアヒテオハシマスカ故也。菩薩戒本疏ナトソ相応シテタル尼衆ノ学問ニテ候カ、アマリニヒタクチナル所トモアリテ、ソノハヽカラハシサニエヨマヌ也。

　或時禅忍房・長円、禅堂院ノ御庵室ニ参事

和尚云、人はあるべきやうはと云、七文字をたもつべき也、云々。

　これは『明恵上人遺訓抄出』*の巻頭に見えているが、その編者は、「意は三業(さんごう)四儀(しぎ)（身口意の三業。行住坐臥）、あるべきやうにふるま

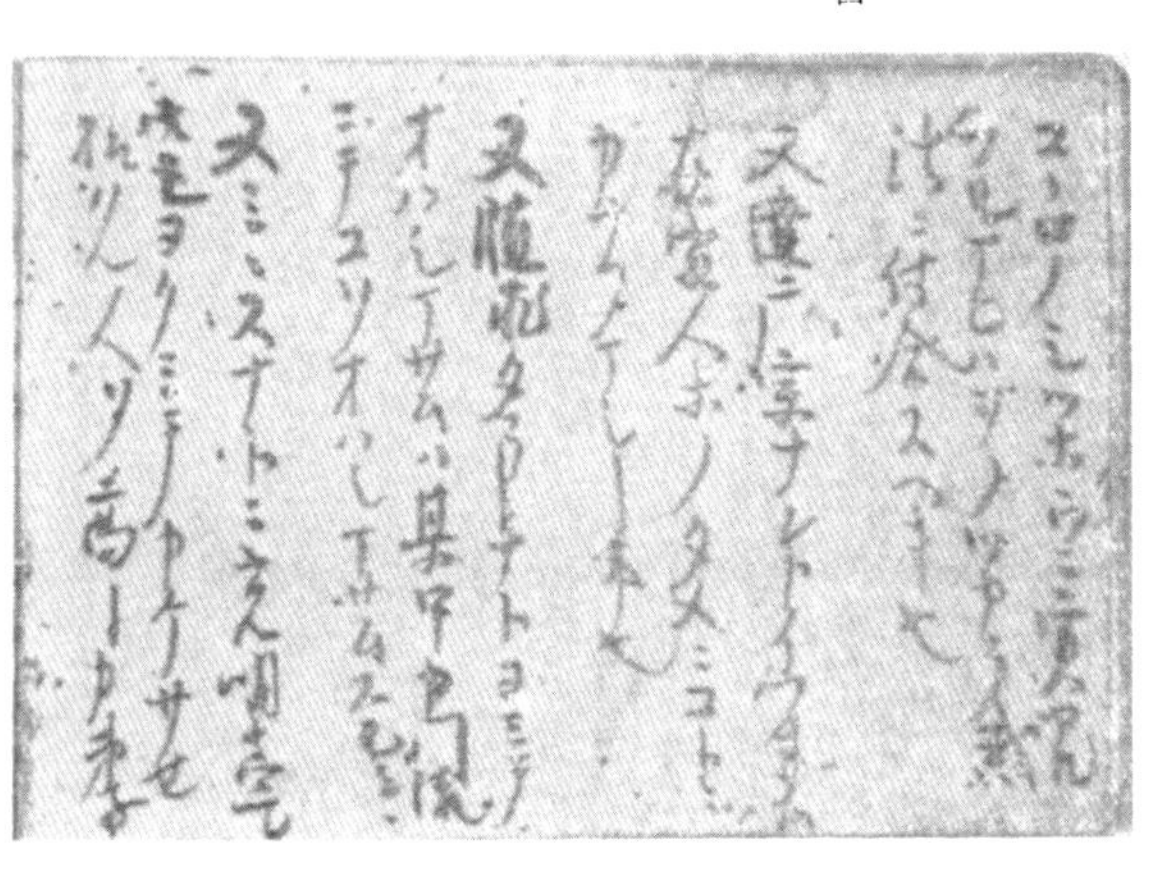

こまかい日常の注意

へと云也」と解釈をつけ加えている（『伝記』附録の『遺訓』では、僧・俗・帝王・臣という身分について解する。『沙石集』でもほぼ同じ）。この言葉は何時ごろから、いわれたものか明らかではないが、高山寺蔵の『日用清規数件』と題する掛板の巻頭に「阿留辺幾夜宇和」とあるのが、この言葉の見える史料としては古そうである（一日の観行を定めたうちに「三宝礼」が見えるから、建保以後のもので、ほかに光明真言・（文殊）五字真言・数息観・唯心観行式・理趣経礼懺などあり、晩年のものであろうか）。この清規には、学問所及び持仏堂（禅堂院の）における律儀が一々あげられているが、そのうちには、「聖教の上に数珠・手袋等の物、之をおくべからず。」「文机の下に聖教、之をおくべからず。」「口を以て筆をねぶ

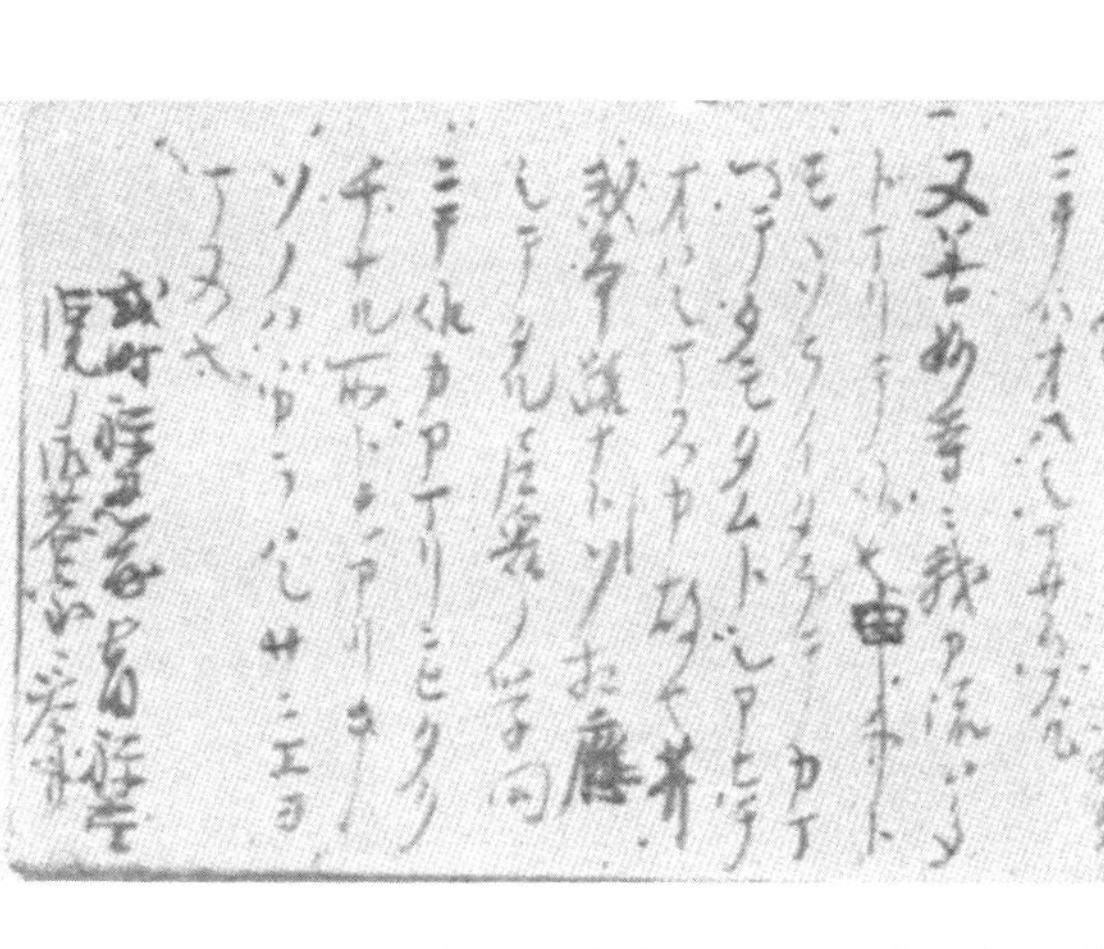

るべからず。」「壇巾と仏具巾と簡別(けんべつ)せしむべし。」「夏月（四月一日より七月晦日に至る）閼伽水(あかみず)、朝夕毎度、之を取るべし」など、細心な注意が加えられている。寂恵房長円も、栂尾に住した最初のころの教訓として、僧というものは、三時の勤行(ごんぎょう)をちゃんとやることが肝要で、すべてはそれからだという意味の言葉を感銘をもって聞いている。そして長円の『却廃忘記』のうちには、燈籠をもった手には油がついているから、そのままで経文にさわってはならぬ、経文の上の塵を口で吹いてはならない、爪の中に垢(あか)をためてはならぬ、などと実にこまか

い注意をうけたことが見えている。こういうこまかい点を満足におこなうことが、「あるべきやう」であり、僧としての日常の行儀をきまったようにやるのが、そうであるとも解される。『遺訓抄出』の編者の意見は、それと同じであるといえようし、『伝記』附録の「遺訓」になると、更にそれが帝王は帝王、臣下は臣下としてのあるべき姿を守ることであると解している。それはまた一段と狭い解釈といえるであろう。果して、そういう意味であろうか。それではただ戒律を守るのが「あるべきやう」ということになる。明恵は、戒律について、次のように長円に説いたという（『却廃忘記』）。二百五十戒は、大綱（たいこう）をあげたもので、これに准じてふるまえというのであるが、そうであれば、かぎりない行動の軌範がその時に応じてなければならない。「たゞ心のじつぽう（実法か）に実あるふるまひは、をのづから戒法に付合すべき也」と。即ち、心にまことのあるふるまいが、おのずから戒法に合うというのが根本であるというのである。これによって見れば、明恵は決して一々のこまかい点に重きをおいていたのではなく、ただ心にまことがないから、色々な失敗をすることになるのを戒めたのであろう。要するに、おのずから戒法にもはずれないような人間になってこそ、「あるべきやう」にいきるといえるであろう。それを目標にしてつとめて行くために、「あるべきやうは」という言葉が掲げられたので、僧とか俗とかの「あるべきやう」ではなく、人間としての「あるべきやう」が、求められたのである。であるから、「あるべきやう」に生き得たということは、心の自由を体得し得た人の境地でもあろう。

菩薩の心持にいきる

その「あるべきやうは」という目標に向ってすすむ場合、心のまことあることが根本とされたのであり、即ち僧侶にしては(俗人の信者でも)、信が根本とされ、学解(がくげ)はそれを補う意味のものと教えたのである。殊に僧侶たるものは、菩薩の道を歩むことを志すべきであり、雪山童子のように法のために身をすてるということはなかなかできることではないが、そうしたことを、凡夫が氷魚(ひお)の汁で飯を楽

菩薩の因位の行ほどけだかいものはない

しく食べるのと同じように感じたいものだ、と語ったこともある。菩提心を何よりも尊く思った明恵にとって、「何事よりも、菩薩の因位の万行ほどに、けだかくすみかへりたることはなき也。」(『却廃忘記』)という言葉こそ、実感のこもったものであったと思われる。

そういう菩薩の心持をしばしば説いていたらしい。『却廃忘記』には、また次のような言葉もある。「身はやまひありて、よはくとも、心をばつよくたもつべき也。仏道にむかいて真実ありて、世々に大善知識をはなれず、たとひ悪趣へ趣くとも、深法の値遇は信力あらば決定と思べし。無上大菩提心を愛楽し、世々の値遇三宝の願を廃忘すべからず。」まことに明恵の一生は、この言葉を実践しようとしてきた一筋の道であり、初心をつらぬき通したものといえよう。

顕密の差別

こういう菩薩の心持からすれば、教義にこだわったりすることは、よくないわけで、ある時、密教の人が、顕宗様といってちょっとの事でも差別するのは理窟に合わぬことで、義理が同じであれば、顕密の差別はあるべきでない、といったこともある。すべて真言においては、意業の上に身(しん)と口(く)をはたらかせて三密平等という教理をたてる。顕宗の方は、身・口については問題にせずに、ただ意地だけをしずめ、扱うという点に、顕密の差違がある。しかし、観智の分斉においては、差別がない。また真言の教相でつかう名言は、三乗教の分斉のものが大部分であるが、ちょうど細工師が、きれぎれの材料で物をつくるように、それらの言葉が、密教において役立つのである、と語ったこともある（『却廃忘記』）。顕密の一致するところを見ていたといえよう。

次に浄土教に対する態度は、前に説いたが、ここにも一言しておきたい。

『遺訓抄出』には、第二条に次の一句がある。

又云、我は後世(ごせ)たすからむと云者にあらず。たゞ現世(げんぜ)先づあるべきやうにてあらんと云者也、云々。

後世をたすかろうと願い、罪をつくり、ただ怠けているよりは、僧として現世になすべき行をつんで行けば、たとい地獄におちても、いつかは出離すると信ぜられるというのである。この点では、浄土教の信者とは全く方向が違うわけである。そこでは後世のたすかるかどうかという形で、実存の問題があらわされているが、それがここでは現世のあるべきようとしてあらわされているといってよかろう。明恵のもとにも、念仏の行者が来て、話を聞いていた。ある『華厳信種義』の談義の時に、その聴衆のうちの念仏者に、あなた方もやがて極楽に行けば、こういう話（『信種義』にといてあるような）も聞かねばならないのだから、無縁なものと聞きすごしてはならない、という意味の話をしたという（『却廃忘記』）。各自がそれぞれ生れつきの素質にもとづいて、ふさわしい有縁の行により、解脱を求めるようにという態度であろう。この教え、この行でなくてはだめだというような教祖風の態度は、とるところではなかった。それにしても、「あるべきやう」に生き得たとすれば、密教でいう「自然法爾（じねんほうに）」ということと同じ意味であろう。この「自然法爾」の言葉は、晩年の親鸞の境地を象徴するものとされる。自力も他力も、つまりは同じところを目ざすことになるのであろう。

達磨宗についての考え

『却廃忘記』に、「達磨宗」などということは、在家人のためには、殊にかなうまじきことである、という言葉がある。達磨宗とは、大日能忍と栄西により唱えられた、宋朝風の禅宗であることはいうまでもない。栄西の建仁寺の僧侶団のことは、見聞していたのであるから（道元が深草に庵居してのち、『弁道話』をかいたのは寛喜三年で、明恵の寂する前年である。）、相当の知識あっての発言を思われる。明恵は、坐禅を好み、高雄でも、紀州でも、栂尾でも、山林のうちに食物をたずさえて入り、二-三日も坐禅をつづけたと伝えられている。しかし、それは決して宋朝風の禅ではなく、坐禅観行であったことは、前にのべた如くである。公案禅にせよ、黙照禅にせよ、仏教の教理をはなれた、いわゆる不立文字（ふりゅう）の坐禅は、これをよろこばなかったのは当然であろう。

弥勒の兜率天に上生したいという願い

明恵が入滅に際して「南無弥勒菩薩」とみずからも、人にも唱えさせたこと、それ以前における弥勒信仰のあらわれについては、前にのべたが、その信仰はやはり後世(ごせ)に関するものではないかという疑問もおこるであろう。その弥勒信仰は、明恵の宗教のうちで、どれ位の重みがあったであろうか。もとよりはっきりときめることはできないが、念仏の方でも諸行往生ということがあり、称名の行のほか、いろいろな善い行をつみ往生を期待するという考えがあったのと、いくらか近いかもしれない。そこでは往生ということがぎりぎりの問題であったが、明恵の場合では兜率天(とそってん)の上生(じょうしょう)は期するものの、比較すればそれほど切実ではないような節もある。地獄にも諸菩薩は居られる、いずれは出離できるという広大な信仰であったように見える。上生を願うということが、仏道を成就するための諸行の一つであったと考えられる。

兜率上生の信仰については、貞慶のそれが明恵よりもさきにおこなわれ、手厚いものがあったらしい（大屋徳城氏「鎌倉時代の弥勒信仰」（『日本仏教史の研究』二））。その信仰の事蹟は数多いが、最も著しいものとしては、建久九年の笠置寺の十三重塔に弥勒像一千体を納めたことなどがあげられよう。明恵は、貞慶に尊敬をささげていたことは明らかであり、その弥勒信仰の影響をうけていたことも想像できるところである。ところが、あ

現世が兜率天

る時（寛喜元年九月の事か）禅浄房に語り、「我は当時（現在）より住都率と存ずるなり」といって、解脱房などの信仰とは違うという意味の言葉をのべたという（『上人之事』）。即ち、今このままで兜率天に居るつもりである、という意味であろう。現世が即ち兜率天であり、死後に上生することばかりを願わないのである。この貞慶の信仰と明恵のそれとの違いは、念仏の方における法然と親鸞の間に見られる差違と比較でき

明恵と親鸞

る。即ち親鸞は、その晩年、現世において正定聚（しょうじょうじゅ）（必ず往生すべき位）になるという考えを説き、法然のようには、臨終正念をおもんじなかったのである。明恵は、親鸞と同年であるから、信仰の表現は違うが、二人が同じように、それぞれの信仰にお

いて、より現世に重きをおいた考え方をするようになったことは興味あるところである。そこには、時代の思潮の変化があったことを考うべきであろうか。

しかし、明恵も入滅に際して上生を期していたのであり、右のような今から兜率天に居る気分だというのは、明恵の独自な宗教体験を示すものではあるが、だといって上生をもう期待しないのではない。それは現生正定聚を信じた親鸞もまた往生を期し、ある同行に極楽で会いたいといっていることと同じである。まして周囲の人々は上生せること疑いなしと信じたのである。定真も、臨終の行儀をしるした末に「兜率上生、たのみあり、疑なし」とのべ、かつて春日明神の託宣に、上生は決定している、とあったことを、その証としている。

和歌をよむ態度

明恵の和歌は、少ししか引用できなかったが、自由に無邪気によまれた、わかり易いもののほか、教理をふまえた、むずかしいものもある。『新勅撰和歌集』以下の勅撰集にも、二十二首入っている。しかし、明恵の歌をよんだ態度は、う

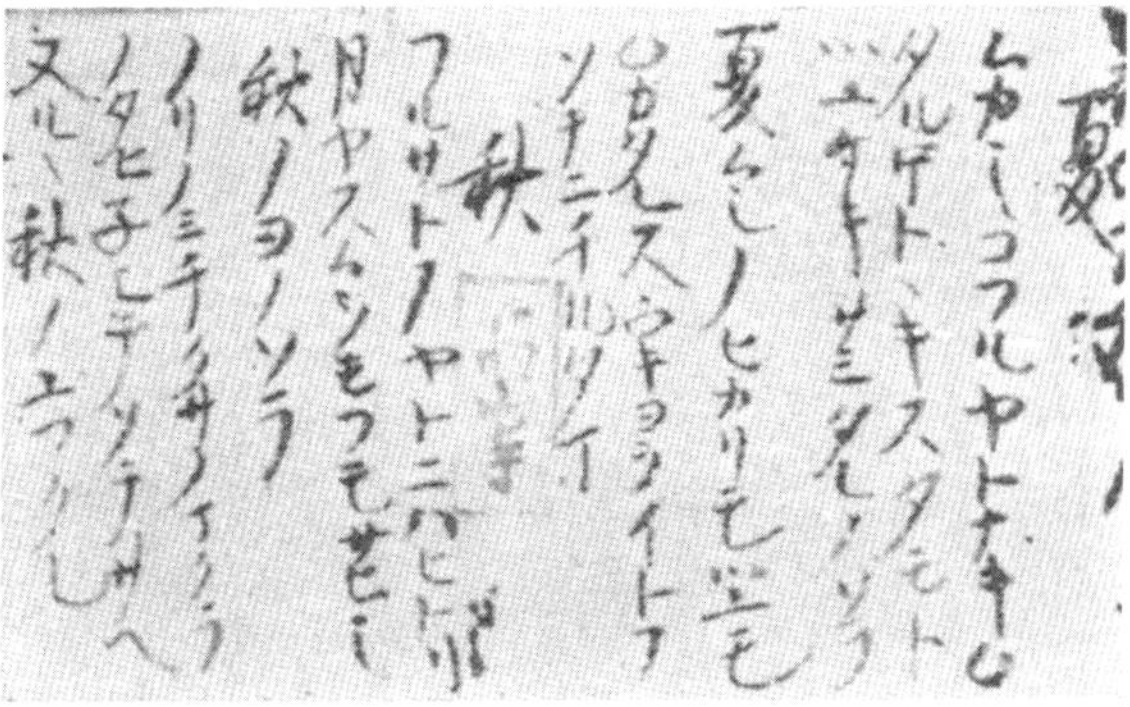

和歌草稿(部分)(高山寺蔵)

夏

ムカシコフルヤトナキワタルホト丶キス
　タモトツユケキサミタレノソラ

夏ムシノヒカリモツユモワカタレス
　ウキヨヲイトフソテニチルタマ

秋

フルサトノヤトニハヒトリ月ヤスム
　ヲモフモサヒシ秋ノヨノソラ

ノリノミチクサノマクラノタヒネシテ
　ソテサヘヌル丶秋ノユフクレ

まくよもうというようなところを、通りこしていたのである。ある時、専念房が和歌をこのんでいるということを、順行房が明恵につげると、明恵は、「和歌は、よくよまむなどするからは、無下（むげ）にまさなき也。只何となく読ちらして、心の実にすきたるは、くるしくもなき也」（『却廃忘記』）といったという。うまくよもうなどと思うからよくないので、ただ何となくよみちらし、そこに心のまことがこもっているのがよい、というのであろう。ある秋のこと、禅堂院の庭に、柿の葉が風に吹かれてとぶのを、鳥がとんでいるように感じ、それをよみあらわしたいと禅浄房に語り、こういえば、もう和歌のことばにもなるようだ、といったこともある。自然のうちに明恵の歌心のうごく様が知られる。

しかし、それだからといって、自然のうちにいきた詩人のような姿に固定してはなるまい。山中に坐禅した遁世の一生とはいうものの、その遁世は逃避的な、消極的な意味のものでなかったのはいうまでもない。菩薩の道を行く上に、この時代においては、僧官・僧位などの名前から解放された遁世聖の生活をよしとしたのである。ある晩年の講義に、「遁世は、まことにしづかにて所作あるべし。是を以て且（しばら）く心をみがきて、さて出でゝ〝いかに〟〝なにか〟とも云はゞ、まめやかの大事になるほどの事は、いでくまじきなり六道四生の業となるほどの大事はあるまじき也。」(『光明真言句義釈聴集記』)と語ったという。遁世では仏道におけるほんとうの大事業はなし得ぬというのであり、ここに逃避的な遁世についてのはっきりした批判が見られると思う。

七　伝説

『行状』はどういう本か

前に明恵の伝記をたどるのにおもなよりどころとした『高山寺明恵上人行状』は、どういう本か。何故、明恵の伝記として最も流布している『明恵上人伝記』をあまり用いなかったか。この問題について簡単にのべておきたい。

『行状』は、施無畏寺蔵の二冊の写本しか、古い写本はないようで（しかも中巻が欠けている）、その写本には誰があらわしたものかを物語る点はないけれども、『行状』と本文が殆んど同じで（まま省略されたり要約されてはいるが）、ただ漢文になっている同名の『行状』の写本が高山寺その他にあり、その建長七年七月八日付の高信の奥書には、仰せ（後嵯峨院か）を蒙り明恵上人の行状を注進する、義林房（喜海）の和字の記録を本とし（義林房の申し置きにより仁和寺の隆澄をして漢訳せしむ）、下し賜わった記を少々加えたものである、とあるので、施無畏寺本『行

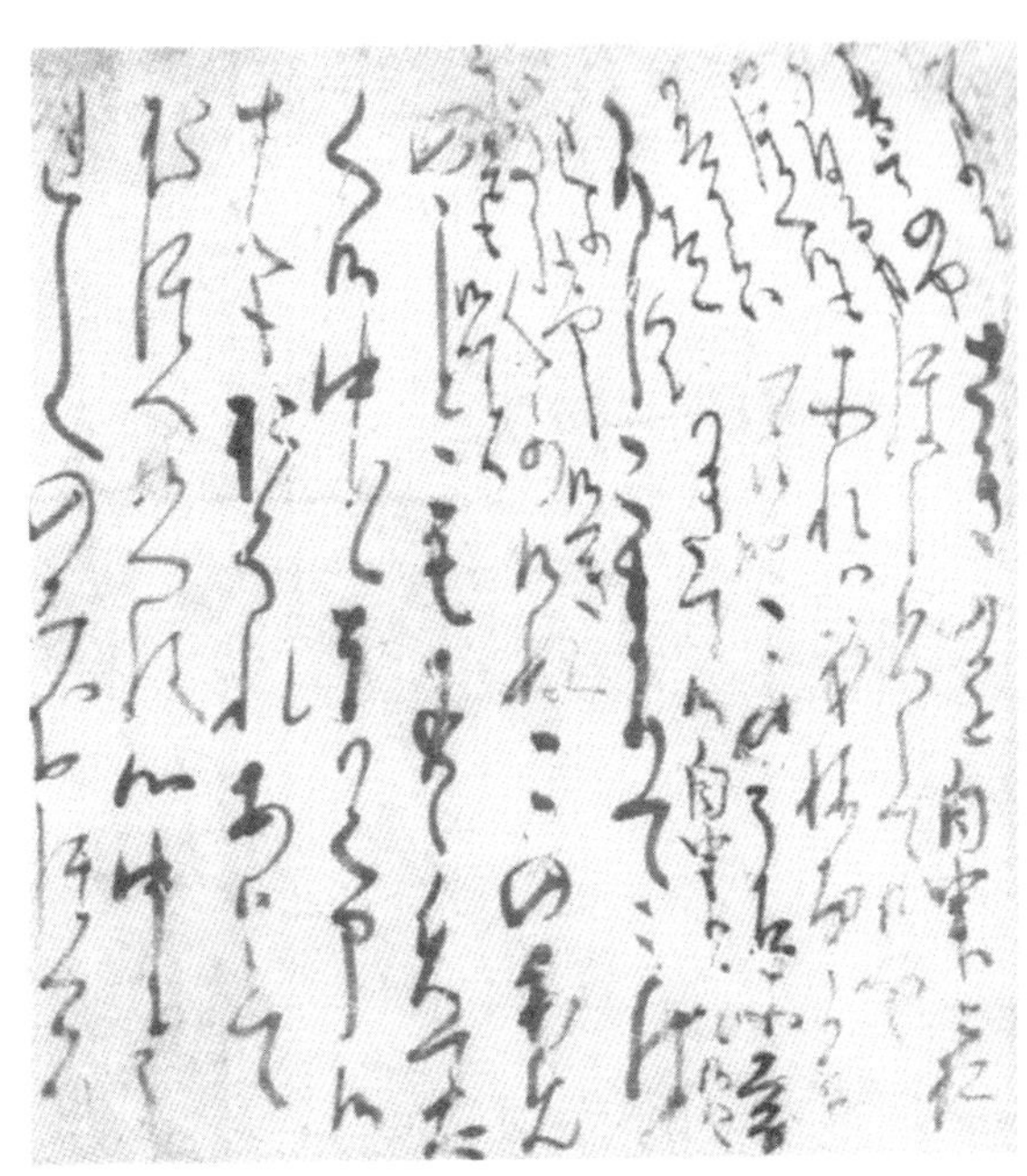

自筆消息（巻首）（出光美術館蔵）

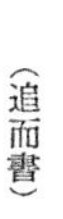
（追而書）

さきのを自筆とおぼしめして候や。それは義林房にかかせて候也。このうたぞみなかきて候。自筆にて候はゞあまりに真言のやうなる事おほく候もかたはらいたく候に、まはりも候やうに候へき事に候へく候。

かしこまりてうけたまはり候ぬ。このゆめのことゝも返々めでたく候。中〳〵とかく申候はんも、おそれありておぼへ候へば、心中にうれしくのみおぼへ候てとゞめ候ぬ。又うたのこと、かほどのけざんにいり候。かたはらいたし、なにくれと申候はんもまことしきやちに候へば、かやうのことのくせにてかきつけ候ぬることは、さぐりありくやうに候ならひにて候へば、おなじながら、又とめ候ぬ。さて正信御房の御返しの候けむ。かならずく〳〵申いでゝ、たまはり候べく候。まいらせたることも候はぬに、さやうに候らん御心のすきざま、返々かつ〳〵思つきまいらせ候よし。申させ候てたまはるべく候。さてこのうたの中に人のみむと申候には、この三首ヲゾ二三人のもとへやりて候。

心月ノスムニ………

月カケハ何ノ山ト………

これは九条殿御返哥候ぞかし。又この一首はいまだごらん候はじかはまいらせ候。あまりにうためきて候。うるさく候へば、いまにさて候はんずれども、さやうに候なれば、これに事を申候□

心月の……の歌は、『和歌集』に次のように見える。

禅堂へゆくとき、くもりたる月、出観ののち、雲まよりいて、松風にたぐひてわりなきに

心月のすむに無明の雲はれて解脱の門に松風ぞふく

月かげは……のは、『新勅撰和歌集』十六に見える。

秋、坐禅の次でに夜もすがら、月を見侍りて、里わかぬ影も我身一つの心地し侍りければ、

月影は何れの山とわかず共すますみねには澄み増るらむ

後にこの歌を見せ侍りければよめる　法印超清

いかばかり其夜の月の晴れにけむ君のみ山は雲も残らず

即ち、石清水八幡別当超清が、この歌にこたえている。超清は天福元年七月三日、定家を訪れて入撰を依頼したのである(『明月記』、拙稿「出光美術館所蔵上人自筆消息」『明恵讃仰』一二)。

状』が喜海の作であることがわかり、その欠けている中巻(建仁元年より承元四年まで)の部分を補

うことができるのである。なお『行状』の寛喜三年十月以後の部分を、正応元年五月に仁真が書写した本（「梅尾最後御所労以後事」と外題にあり、「明恵上人臨終記」と題し、新成簣堂双書として複製さる）の奥書に、「林師撰集御形(行)状」を見た折に、最後の御所労以後の事を写した、とあるから、施無畏寺本『行状』が義林房喜海の作であることが、なお一そう確かめられる。その仁真の奥書には、定真のつくった『行状』もあるという。それが『定真備忘録』とよばれている入滅前後の記録をさすかもしれないが、そうでないとすれば、その『行状』は今は伝わらない。かようなわけで、『行状』が、明恵に随身した喜海の作であり、明恵の伝記としては、最もよるべきものであると考えられる。

『伝記』の性質はどうか

さて『明恵上人伝記』はどうかといえば、これも最後に、「予多年随逐(ずいちく)の間、あら〳〵九牛の一毛を注す。定めて謬(あやま)りあらん。外見に備ふべからず。喜海」（もとのまま）という奥書があり、喜海の作かと考えられる。しかし、現在のままの形のものが喜海の作でないことは明らかであろう。その一つの証として、為兼卿が明恵の峰の嵐云々(うんぬん)という歌をほめたという一節をあげよう。為兼は正和二年（一三一三）に六十で出家しているから（『公卿補任』）建長六年（一二五四）に生れたことになる。ところが喜海は建長二年（一二五〇）寂している（村上氏、二四四ページ）。どうしても喜海が、かくわけはなく、後人の手が加わっていると考えられる。そうしてこの喜海の奥書そのものも、文体がその時代のものとして、ふさわしくないように思われるのである。

ともかくも『伝記』の内容を検討するために『行状』と比べてみると（ここではその結論だけしかいえないが）、『行状』の文を要約し、その教相にわたりすぎるところは省略したりして、大体において年代的に伝記の骨になる部分は、『行状』によっているといえる。しかし『伝記』には『行状』には見えない部分も多い。そういう部分の一半は和歌に関する話で（上巻後半）、それは『和歌集』と『楞伽山伝(りょうがせんでん)』（今はない）によったものと思われる。その他の部分で、建仁二年の明恵の長い手紙（湯浅権守あてという）の如きは、それが写として伝わっていたものであろう（これは写本では下巻にある）。その残りの部分として（下巻の大部分）、北条泰時や栄西との関係を物語る説話が、かなり長くあり、そのほか比較的長い法語、面白い逸話などがある（写本では、この部分の次に遺訓があり、最後に寛喜二－三年から入滅の記事がある）。この説話的な部分こそ、『伝記』の特色をなすものである。それが果して喜海の作になるかどうかは別として、明恵を直接知っていた人が伝えたままであるかといえば、それは肯定するにしても、否定するにしても慎重でなければなるまい。ただ印象としていえることは、『行状』や『却廃忘記』などに比べて、文章にうぶなところがすくなく、説話としてもよりととのっており、更に明恵をより理想化している傾きがあることである。この『伝記』は、南北朝以後かなり流布したようで、室町時代の写本が数本あり、相当の異同があるようである。

ここで、そのおもな説話についてのべ、考え得られるものは、説明をつけ加えてみたい。

栄西との関係を語る話

まず、栄西との関係を語る説話についてみたい。㈠栄西との出会いの話。建仁寺に行き、栄西に会おうとする途中、参内の帰りで新しい車に乗り、美々しい様子の栄西に出会うが、墨染の衣に草履をはいた姿を、目にはかけられないだろうと思い、帰ろうとする。そこを栄西がよびとめて対面し、数刻の話合いをした。その後、栄西は明恵に印可を与え、門下になってほしいと頼んだが、明恵は事情があるから、といってこれを辞退した。ところが、栄西は入滅近くなり、その師懐敞からうけた法衣を伝えたというのである。㈡栄西の弟子の円空上座が、栄西から禅定については明恵について教えをうけるようにと教えられ、明恵のもとに来た。明恵はこれに対し、禅定には睡眠・雑念・坐相不正の三毒がある。これを除き、一切の求め心をすて、「無所得」の心ばかりとなり、「徒者」になりかえろうという志をたてるべきである。これは高弁がいうのではなく、文殊が予に示されたのである、と語ったという。㈢茶についての話で、栄西より茶を贈られたので、その功能を医師にたずねた後、茶の実をさがし栽培し、衆僧にのませた。

また、栄西が茶の実を贈ったのであるともいう、と異説をのべている。

右の説話の批評

この㈠については、大屋徳城氏が、両者の関係があったことは考えられるが、印可・受衣したことは認められぬと詳しく論じておられる（「禅宗綱目の出現と其の思想上の背景」（『日本仏教史の研究』三））。ここでは、詳しくのべる余裕はないが、大屋氏の論に賛成したいと思う。それは、前に仏光観に関して、明恵の坐禅が教相にもとづく坐禅観行であることをのべたところ、また、前章の明恵の達磨宗に対する批評の言葉によっても、裏書されるものと思う。㈡も、その意味では、どの程度の事実を反映しているのかわからないが、建仁寺から栂尾に来た人がいたと考えることはできよう。ただ、明恵の談話の内容は問題であり、そのうちの「無所得」とか「徒者」という言葉は、いわゆる禅語臭がある。この徒ら者になりかえって云々という言葉は、『伝記』附録の「遺訓」にもあり（室町期の写本法隆寺本・親王院本はこれを欠いている）、そこではもっと敷衍されている。なお、「遺訓」の一条には「驢胎馬腹」という禅語もあるし、『邪正問答抄』（明恵の著と伝え、日本大蔵経にも収む。しかし栂尾の『所作目録』には見えない）には『伝心法要』（黄檗希運の垂示）を引き、わが国における最も早い引用といわれている（岩波文庫本『伝心法要』宇井伯寿氏解説）。明恵が達磨宗に対して批判的であったという点にたち、これらすべてを否定することは、大胆であるかもしれない。といって、すべてを肯定することもできないであろう。しかし、ここに考うべきは、㈡の末段の文殊より示されたという一段である。これについては『持戒清浄印明』（又は印信）と題するものが伝わり（『仁和寺文書』十四、金沢文庫新収貴重書）、文殊—明恵上人—義淵房—盛遍（明悟）上人（以下略）という血脈がしるされているが、この血脈を、夢窓の弟子の西芳寺の碧潭周皎が延文元年（一三五六）にうけているのである（玉村竹二氏「日本禅宗の一側面を物語る聖教奥書三則」（『駒沢史学』七））。夢窓その人をはじめ、その派下の禅僧が密教に深い関心をもっていたことは、玉村氏も説かれている如くであるが、この印明を夢窓派の禅僧がうけていることと、㈡の説話の末の文殊の示したものであるという一段とは、関連があるように思われる。

そこでこのふたつを結びつけて臆測すれば、夢窓派下を中心とする五山の禅僧の間で、明恵伝についての説話がつくられて行ったのではないか、と考えられる。なお、栄西が日本の臨済禅の宗祖のような地位に定められたのは、『元亨釈書』においてであり(『沙石集』でも、栄西を重く見ているけれども)、日蓮も『開目鈔』に法然と大日(能忍)とを並べて、念仏と禅の開祖としているのである。栄西と明恵とが結びつけられるような説話ができたのは、栄西その人の宗祖的地位が確立してからであるといえよう。

㈢は更に茶道史上における栄西の地位と、栂尾の本茶というものが有名になったとこ

現在の茶園(十無尽院址)

ろに出来たものと考えることもできる。『異制庭訓往来』に栂尾の本茶のことは見え、夢窓と清拙正澄とが、栂尾に遊び、清拙の詩に茶のことが見えるから（『空華日工集』永徳元年正月五日条）、鎌倉末から、栂尾の茶は有名であったのであり、明恵在世中から、茶園があったことを考えることもできるであろう。夢窓は『夢中問答』に、明恵と栄西が茶を愛したのは、蒙を散じ眠をさまして道行のたすけにするためであったとのべている。茶を介しての明恵と栄西の関係は、ここについているのである。

次に高野山から碩学二－三人が同道し、法門の不審をたずねようとして来り、明恵は他に出かけたと一旦ことわらせた後に、すぐ出て会い、「余に過分になりて、時々かやうの空事仕候」といって対談し、その日もくれ、翌日の斎になっても立たず、重ねて斎である、といわれて立った。その間、相手の僧は交代で休んだが、明恵は一夜二日を朝から斎までの間と思っていたという話である。これは『沙石集』（流布本・成簀堂本にあり広本にはない）に見え、そこでは風気で会えぬとことわらせたことになり、過分が過餝（かしょく）（華飾、尊大の意）とあり、風邪で会えぬなどというのは身のあるべきようを忘れたものだといって、「あるべきやう」の六文字が一代の聖教の要点であり、在家・出家・遁世のあるべきようがあるはずであるが、末代はそれが乱れ、王臣・出家が、そのあるべきようを忘れていると説き、仏法の大意を熱心に語ったが、その間にその日の夕方から通夜語り、次の日の日没の鐘のなるのを聞き、それまでただ片時の如くであったという。『伝記』では、時を忘れて語ったということに重きがあり、『沙石集』では、あるべきようの話と二つの主題になっている。外出と風邪という違い、過分と過餝という差（『伝記』の方が禅機があるといえよう）などから考えると、『沙石集』の方がもとであり、『伝記』附載の「遺訓」が、あるべきようを国王・臣下・道俗に関して解釈しているのも、『沙石集』にもとづくのではないかと考えられる。

北条泰時に関する説話

次に北条泰時に関する説話を簡単に見ておこうと思う。これは、㈠承久乱における官軍兵士の栂尾ににげかくれたのを、明恵がかくまい、秋田城の介義景（景盛の誤という）が、明恵を六波羅にひいて行き、そこで泰時と対面し、それから泰時が栂尾に来り法を聞くようになったということが最初である。㈡泰時が丹波の大荘を寄進したのに、明恵は返したという話。義景は出家して明恵の弟子となり、大蓮房覚智といったこと。㈢その大蓮房の話として、a泰時がつねに、自分が天下を治め得たことはひとえに明恵上人の御恩であり、明恵上人の太守一人が無欲になれば、天下は治まるという教訓を肝に銘じたからである、とつねに人に語っていたこと。b義時の死後の遺領の配分に自分は少くとったこと、訴訟に際して無欲にふるまう人を愛したこと、寛喜の飢饉の時に利子を負担して米を貸させたこと、がある。㈣泰時と明恵の対談で、承久の乱における国王に対する行為に関し、いわゆる国体を論じ、泰時を詰問した一段（本叢書、上横手雅敬氏『北条泰時』一四三ページ以下参照）。

明恵と泰時の交情

明恵と泰時の関係については、『和歌集』のうちに贈答和歌が四組あり、その最初の二つは寺領の寄進を辞退することに関したもので、寺領を紙をつける続飯（そくい）糊（のり）にたとえた、形式ばらぬ歌であり、寛喜二年の明恵の病を見舞った折のは、やや月並かもしれないが、もう一組の、

おもひやるこゝろはつねにかよふともしらずやきみがことづてもなき

返し（明恵）

人しれずおもふこゝろのかよふこそいふにまされるしるべなるらめ

こそ、上横手氏もいわれるように（上横手雅敬氏『北条泰時』一四九ページ）、二人の親しい間柄を想像させるものであろう。前にのべた如く、寛喜三年十月、覚厳に後事を託した書状に、関東御辺（即ち泰時）への伝言を頼んだことも思い合される。であるから、六波羅在住当時の泰時が、栂尾に明恵を訪ね、明恵が六波羅におもむいたことは、想像できる。そして明恵が泰時に、あなた一人が無欲になろうとするのが根本だと訓えたことも、ありそうなことである。しかし、そうであったと断定できないのは、『伝記』

（この説話の部分）がいわゆる良質の史料と思えないからである。

泰時説話の批評

『伝記』の右の説話のうちで、㈡の大蓮房覚智が明恵の弟子として出家したとあるのは誤りであろう（承久元年正月二十八日実朝の死をいたみ出家したと『吾妻鏡』に見える）。覚智が明恵に深く帰依していたことは、入滅にあたり高野山からかけつけていること（『定真備忘録』『行状』）によって明らかであるが。荘園の寄進の辞退は、『和歌集』でうらづけられるから、そのことがあったことはあきらかであるが、この説話そのものは、逆に『和歌集』から出来たとも見られる。㈢のbは『吾妻鏡』『沙石集』などにも見えていることである（高山寺蔵『伝記』慶長十四年写本は以下の泰時説話を欠く）。㈣は高野山親王院本（大永二年写）には欠けている。諸本により有無があるのは、説話が次第につけ加わったのではないかという疑いを抱かせるものである。㈣の如きは、義時の言葉に見える皇室に対する思想の内容から、『増鏡』などに近いものがあり、更により徹底した徳政論があることからすれば、すくなくとも蒙古襲来の後の思潮との関係を考えた方がいいかもしれない。

そのほかの説話を一々しらべる余裕はないが、栂尾の僧衆が次第に集ることをのべたところに、希望者が、「或は門外の石上に坐して六−七日食せず、或は庭前の泥裏に立ちて三−四日動ぜず」とあるのは、禅宗の庭詰めという慣行を裏に考えているものであり、その段のつづきの公尊という神護寺の僧がひとり山中にこもり煩悩(ぼんのう)にたえかねるリアルな話、僧団のうちで他のことを密告する僧があっても、それは自然と退くまで待つべきであると、明恵がいったという話など、何れも僧団生活の維持に関する説話がある。この一段には禅語の「劔去って久し」などもあり、禅僧の意識に関するところが多そうであり、夢窓派の如き叢林の生活を反映しているもので、殊に公尊の山中独住の失敗の話は、地方における林下(りんか)の禅僧たちに対する批評と見られないこともないと思う。南北朝以後、明恵は禅林の間で人気があり、仮託された作品(『達磨講式』の如き)も出来たのではないかと思う。かように『伝記』を批評しながら、明恵が次の時代に如何にうけとられて行ったか、ということを、いささかのべたことになったのである。

『古今著聞集』の明恵

ここで、明恵に直接関係しない鎌倉時代の僧伝説話集に見える明恵について見ておこう。まず建長六年（明恵寂後二十二年目）の序のある『古今著聞集』二釈教に見える明恵の話であるが、この最初に幼い時、喜多院御室（仁和寺守覚法親王）のもとに養われており、それを文覚が見て弟子としてもらいうけた、という話があり、これは『行状』などに見えぬ説である。年代的には可能性はないわけではないが、『行状』などの伝えを否定できるほどの確実性のある話ではないと思う。次に高雄で、堂塔の工事がおこなわれ、やかましいので、聖教をできるだけもって山に入り、ひるには番匠の食事の七-八人分をとり食いて、また別の聖教をもって山に入るという話がある。これも『行状』には見えぬ。さて次に光音という僧（大神基賢の子）が、明恵の給仕をしていたが、くらい夜、火をともさず聖教を明恵が見ているのをふしぎに思ったという話。その光音が清滝川を二十町も上に、山を分け入り、定心石という大きな石の上で明恵と共に坐禅した話。これらは『行状』には見えぬ。更に縄床樹（じょうしょうじゅ）の歌（『新勅撰和歌集』釈教十所収）を引いてあるが、上の句が違っている。その次には、『託宣記』によったらしく、建仁の春日大明神の降託のことを要約し、最後に入滅の模様を『行状』『定真備忘録』に見える記事のうちからのべている。これらの説話で、明恵寂後二十年余で、いろいろな話が世におこなわれていたことがわかるが、定心石や縄床樹を二十余町の山奥とすることでもわかるように、それほど確実とはいえないようである。高雄での番匠の食をとって食べた話などは、『伝記』の説話的部分にもその趣きが通じるもので、このころからいろいろな話が世におこなわれていたらしい。

『沙石集』の明恵

さきにのべた『沙石集』は、無住道暁が弘安二年（一二七九）に記し始め、永仁三年（一二九五）・徳治三年（一三〇八）に改訂を加えたものというから、寂後五十年から七十年位の書物である。無住は、遁世の僧のあるべき姿が近頃は忘れられ、今は遁世は貪世で、生活の手段として遁世の僧となっているものが多いとし、それに対して遁世の僧の理想として、さきにのべた明恵の説話をあげているのである。

『真言伝』の明恵

次に正中二年(一三二五)に栄海の撰した『真言伝』巻七に明恵のことが見える。この書は、保元以後は仏法が衰えたとし、それ以前の三国(インド・中国・日本)における真言僧の伝をあつめたものであるが、特に慶円と高弁は行学霊異、古に恥じぬものがあるから加えたという。その明恵に関する記事は、大体において『行状』の範囲を出でぬもので、それに『光明真言土沙勧信記』に見えている、弟子定竜の蘇生談をつけ加えているのである。

なお、東大寺凝然の諸著『三国仏法伝通縁起』『内典塵露章』『華厳宗要義』『法界義鏡』などにも、明恵についておもに師資相承に関してのべてあるが、詳しい伝記的記事はないので、省略する。

『元亨釈書』の明恵

最後に虎関師錬の『元亨釈書』である。元亨二年(一三二二)上表されたというから、鎌倉末のものである。この書の明恵伝は、『行状』に見えることのみで、それを要約したものである。栄西の歴史的な地位を高く評価して、その伝をかなり詳しくのべていながら、『伝記』に見えるような明恵との交渉は、栄西と明恵のどちらの伝にも、少しも見えていないのである。

かように鎌倉時代のおもな僧伝の類に見えている明恵について見ると、大体において『行状』がよりどころになっているようであり、それ以外の説話もあるけれども、それほど多くないらしい。鎌倉の末ごろ、専念が極楽寺の本如房から借りていた『梅尾上人御行状』を返し進めるということをのべた書状がある（『金沢文庫古文書』三、僧侶編下、一七三九）。『行状』とよばれているから、やはり『行状』（又は『漢文行状』）の系統が世におこなわれていた一つの証拠とできよう。『伝記』に見えている説話的な部分は、『著聞集』『沙石集』系統のものが、発展して行ったのではないかと考えられる。

あとがき

かつて辻善之助先生の仏教史の御講義に、こころのこもった明恵の御話をうかがってから、明恵について敬慕の思いをもち、伝記などをよみ、高山寺や施無畏寺・歓喜寺に参詣したこともあったけれども、数年前に斎木一馬氏から、この小伝についての御話があり、それからしらべはじめたのである。そして、その史料がかなり多くのこり、それらは仏教の教学の知識のとぼしいものには、容易にしらべ得ないものであることもわかった。そこで、伝記としては、甚だまとまらないものであることは承知しているけれども、その生涯の輪廓をたどったものをかいてみたのである。なお、出版にあたっても御世話になった斎木氏、神護寺の長巻の引用の部分をわざわざ撮影してくださった赤松俊秀氏に、御礼申上げる次第である。

もう十年あまりも前のことであるが、公田連太郎先生から、はじめて『八十華厳』のおもしろさや菩薩の五十二位のことを、うかがった時の気分を忘れることはできない。そののちも、たびたび華厳について、あるいは明恵についての御感想を、いろいろとうかがうことができたのである。もし、先生からこういう御話をうかがうことがなかったとすれば、明恵伝をしらべはじめようとする気持にはなれなかったであろう。ここにしるして御礼申上げさせていただく次第である。また、いつもながら親切にお教えくださった桃裕行氏に御礼申上げるとともに、『明恵上人伝記』などを共によみ、疑問にこたえてくれた松尾拾兄の友情をありがたく思う次第である。

昭和三十五年十二月二十二日

田中久夫

系譜

(一) 俗系（『施無畏寺文書』所収、明和五年恵旭奥書本による）

(二) 湯浅保田系図（『施無畏寺文書』所収、明和五年恵旭奥書本により、『崎山文書』所収参照）

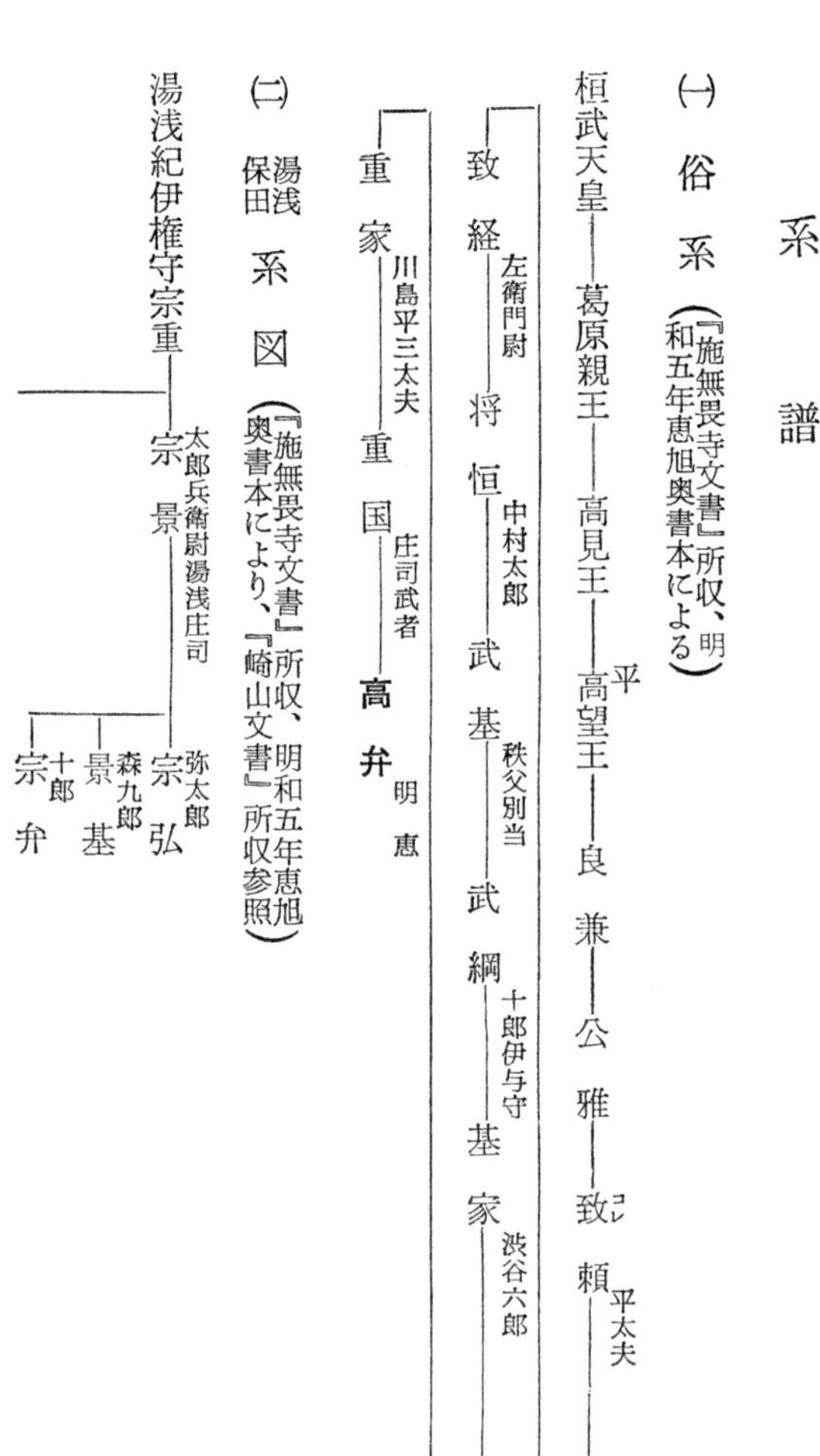

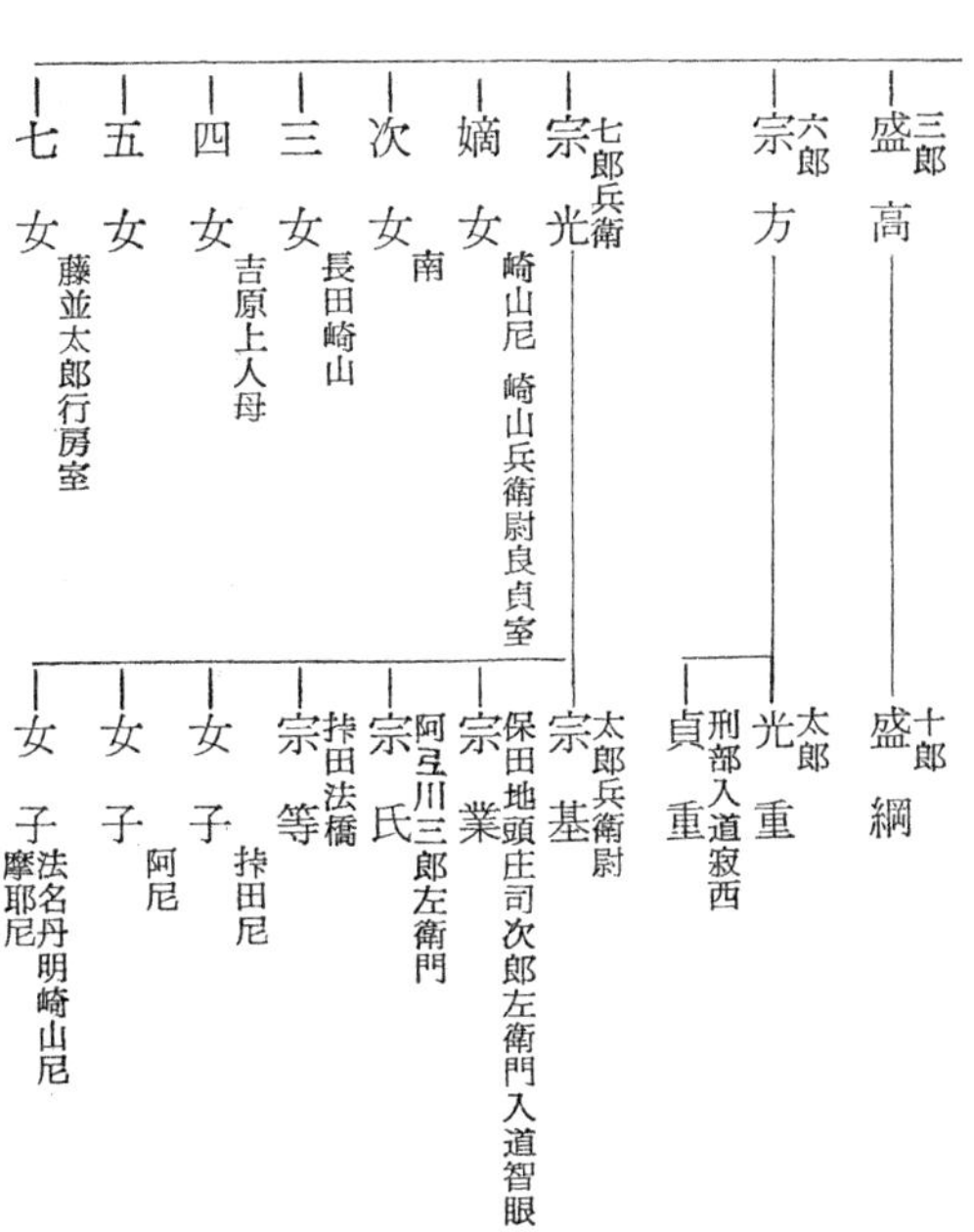

三郎
盛高
十郎
盛綱
六郎
宗方
太郎
光重
貞重
刑部入道寂西
七郎兵衛
宗光
太郎兵衛尉
宗基
宗業
保田地頭庄司次郎左衛門入道智眼
宗氏
阿弖川三郎左衛門
宗等
挊田法橋
女子
挊田尼
女子
阿尼
女子
法名丹明崎山尼
摩耶尼
嫡女
崎山尼　崎山兵衛尉良貞室
次女
南
三女
長田崎山
四女
吉原上人母
五女
七女
藤並太郎行房室

(三) 華厳血脈（高山寺蔵写本*により、『法界義鏡』『内典塵露章』により注す。）

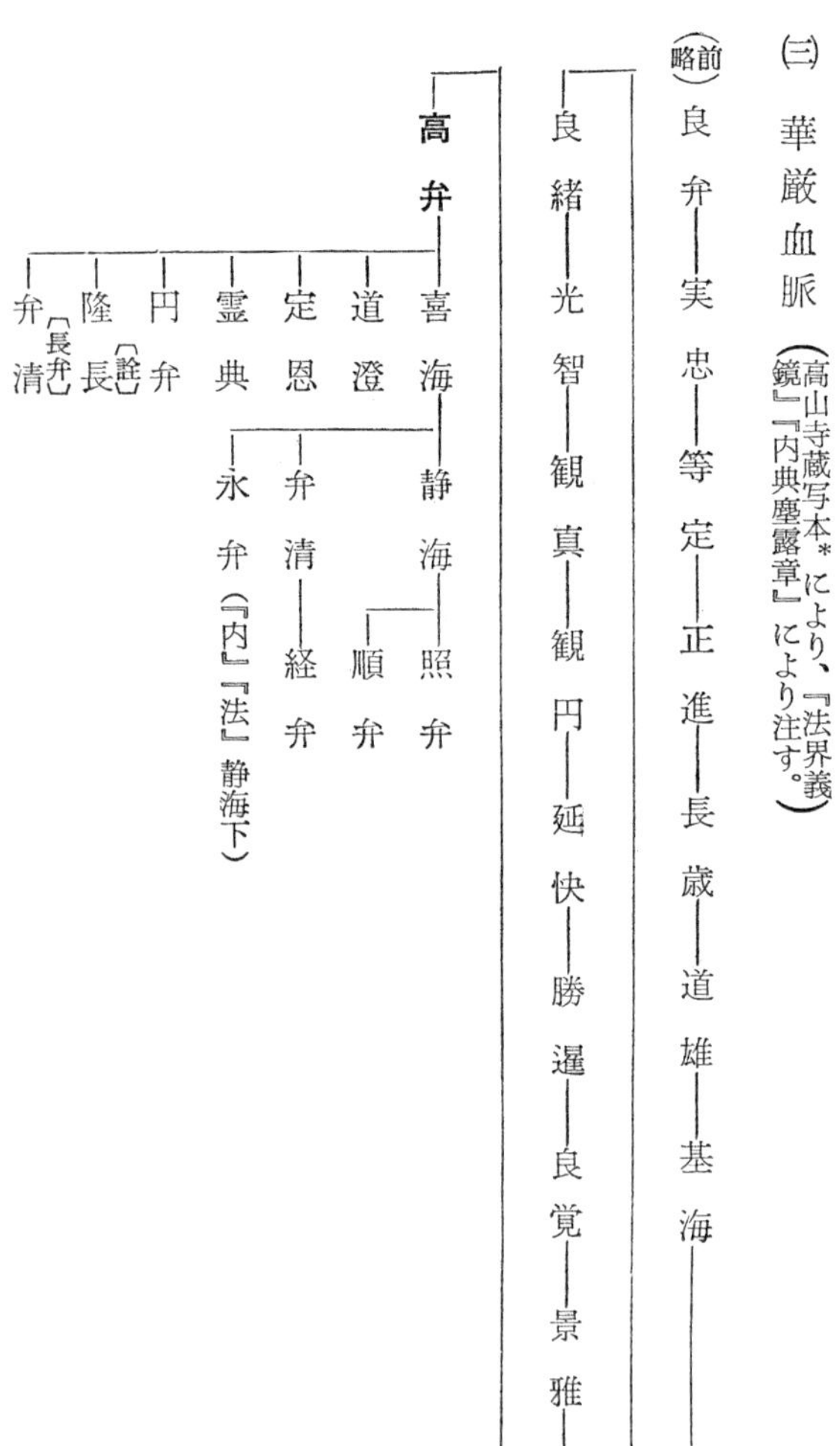

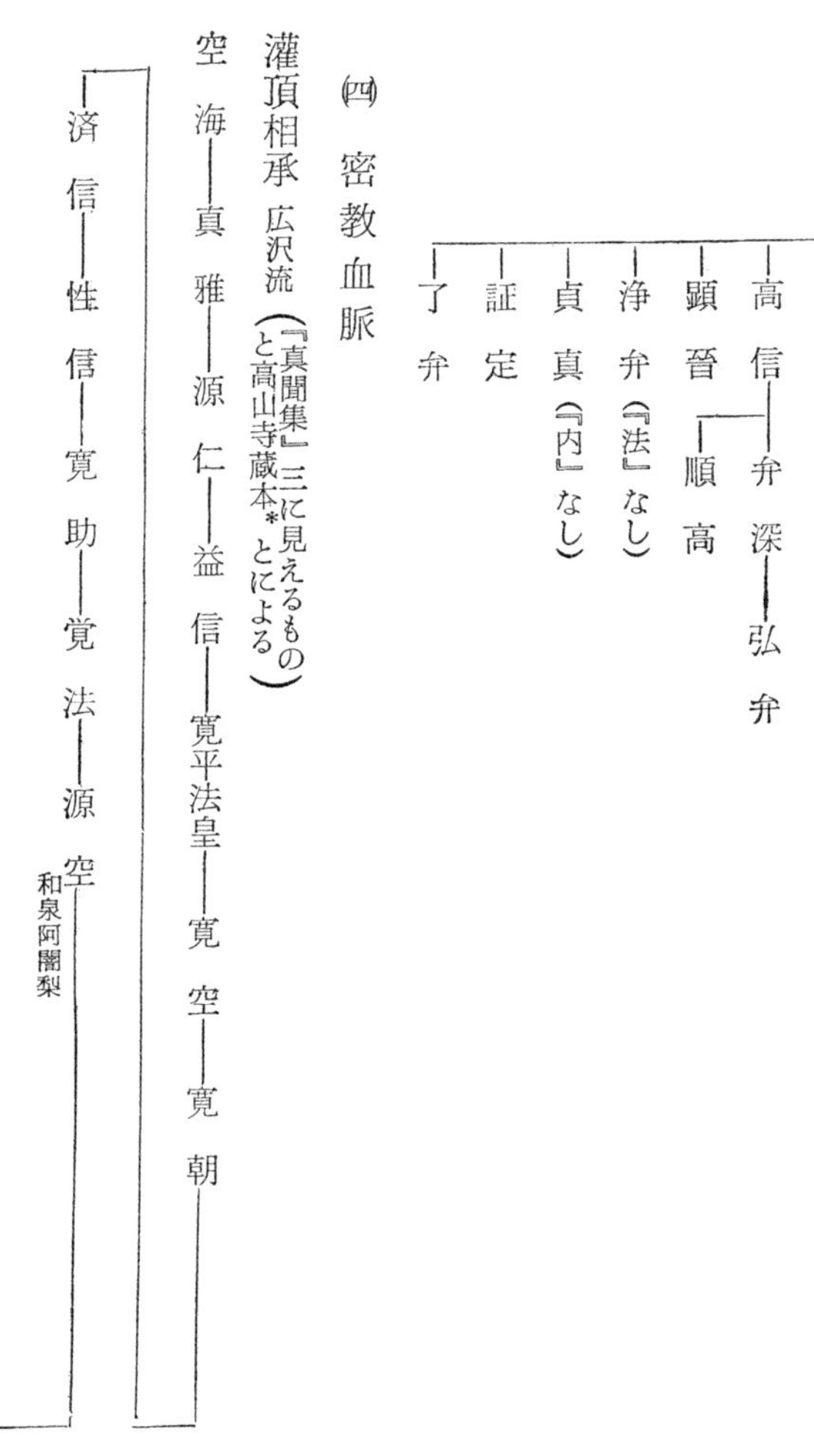

高信―弁深―弘弁
顕晉―順高
浄弁（『法』なし）
貞真（『内』なし）
証定
了弁

(四) 密教血脈

灌頂相承　広沢流（『真聞集』三に見えるものと高山寺蔵本*とによる）

空海―真雅―源仁―益信―寛平法皇―寛空―寛朝
―済信―性信―寛助―覚法―源空 和泉阿闍梨

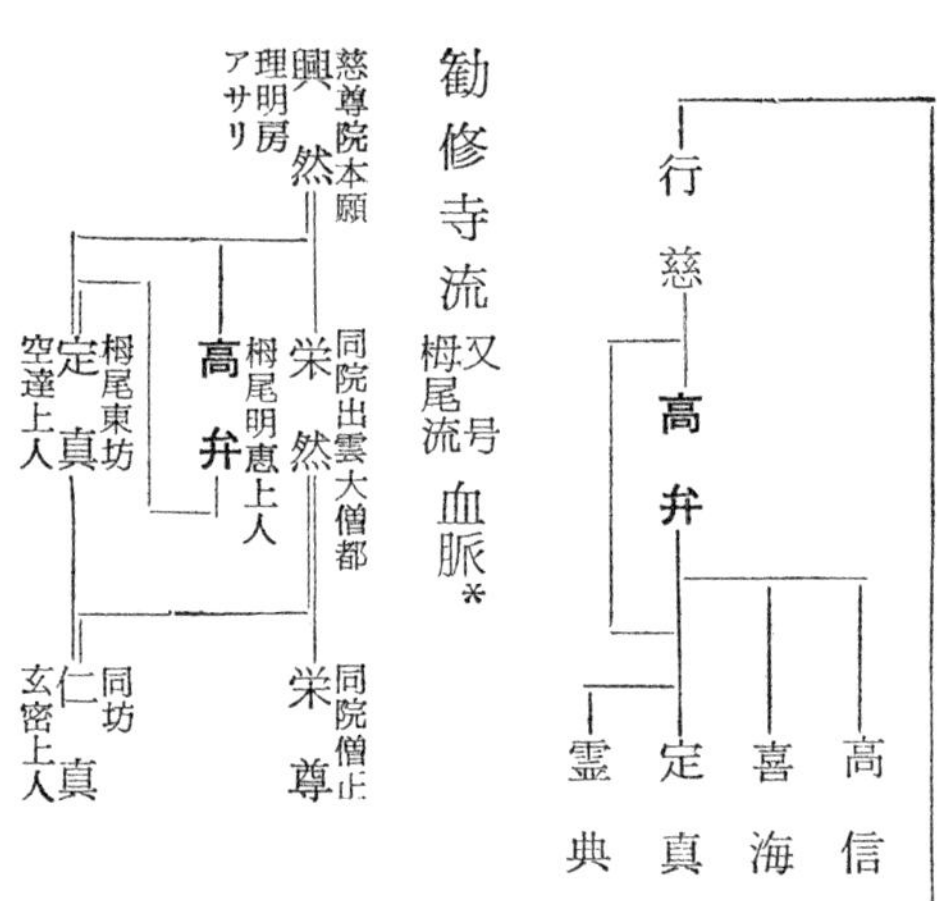

行慈
高弁
霊典
定真
喜海
高信
勧修寺流 又号栂尾流 血脈*
興然 慈尊院本願 理明房 アサリ
栄然 同院出雲大僧都
高弁 栂尾明恵上人
定真 栂尾東坊 空達上人
栄尊 同院僧正
仁真 同坊 玄密上人

略年譜

年次	西暦	年齢	事蹟	参考事項
承安三	一一七三	一	正月八日、誕生	五月、文覚流さる○この年、親鸞生まる
治承四	一一八〇	八	正月八日、母死　○九月、父重国、上総において戦死す	八月、頼朝、石橋山に兵をあぐ
養和元	一一八一	九	八月ごろ、神護寺に入る	
文治四	一一八八	一六	この年、上覚について出家す	
建久二	一一九一	一九	この年、興然より両界・護摩の伝授をうく○この年、書写校合の華厳章疏多く、六年ごろに及ぶ	七月、栄西、宋より帰る
同　四	一一九三	二一	この年、東大寺弁暁より公請に出仕すべきことをすすめられ、一両年通いしも、これを止む	
同　六	一一九五	二三	秋のころ、神護寺を出て、白上の峯にうつる	三月一二日、東大寺供養、後鳥羽天

年号	西暦	年齢	事績	一般事項
建久九	一一九八	二六	八月、高雄に帰り、文覚より栂尾復興のことを託され、二五日、高雄において『探玄記』を講じ始む○秋の末、再び白上に行く○一〇月八日、紀州筏立において『唯心観行式』を定め、『随意別願文』を誦す	皇・源頼朝参列す○この年、栄西、筑前に聖福寺をたつ 三月、『選択本願念仏集』成る○『興禅護国論』成る
正治元	一一九九	二七	春、高雄にのぼり、『探玄記』を講じ、のち筏立にうつる	正月一三日、頼朝死す○三月一九日文覚、佐渡に流さる
同二	一二〇〇	二八	三月、筏立の草庵にあり	
建仁元	一二〇一	二九	二月二四日、糸野において『華厳唯心義』を著わす	春、親鸞、法然のもとに至る
同二	一二〇二	三〇	冬のころ、星尾の庵室においてインドに渡る計画を語る○この年、糸野にて上覚より受職灌頂をうく	六月、建仁寺創建○一二月二五日、文覚、召還さる
同三	一二〇三	三一	正月二六日、春日大明神託宣してインドにわたることをとどむ○二月九日・二五－六日、	九月七日、実朝将軍となる○一一月三〇日、興然寂す

			春日社に参詣○同月二七日、笠置寺に解脱に会う	
元久元	一二〇四	三二	二月一五日、湯浅宗景の宅において涅槃会を修す○有田郡の一族の地頭職違乱するにより、四月、神谷山寺にうつる○九月三日、槇尾に住す○一二月一〇日、養父崎山良貞死す、これを見舞いて崎山にあり	一一月七日、法然、七ヵ条起請文をさだむ○この年、文覚、鎮西に流され、同地に寂す（あるいは前年か）
同　二	一二〇五	三三	春、再びインドにわたる計画をたてしも、中止す○九月一九日、上覚にあてて書状をかく○槇尾にうつる○一二月、『秘密勧進帳』を草す	一〇月、興福寺奏状（貞慶草）
建永元	一二〇六	三四	五月一一日、紀州宮原の家に温病を加持す○一一月、高山寺の地を後鳥羽院より賜わる○一一月二〇日、九条兼実邸において修法○同月二七日、栂尾にうつる	
承元元	一二〇七	三五	秋、東大寺尊勝院学頭として華厳宗を興隆すべしとの院宣あり	二月一八日、専修念仏停止

承元 二	一二〇八	三六	冬、紀州田殿庄の崎山の屋敷を寺とす	
同 四	一二一〇	三八	七月五日、崎山において『金師子章光顕抄』を著わす。「高弁」の名の初見〇九月一五日、喜海に対する華厳章疏の講を完了す	
建暦 二	一二一二	四〇	一一月二三日、『摧邪輪』を著わす	正月二五日、法然寂す
建保 元	一二一三	四一	六月二二日、『摧邪輪荘厳記』を著わす	二月三日、貞慶寂す
同 二	一二一四	四二	この年のころ、三宝礼の名字本尊をつくり、自行とす	正月、栄西、『喫茶養生記』をかく〇この年親鸞、越後より常陸に行く
同 三	一二一五	四三	正月、四座の講式をつくる〇二月一五日、高山寺恒例の涅槃会をはじむ〇夏、練若台の草庵をつくる〇一一月二五日、『三時三宝礼釈』を著わす	七月、栄西寂す
同 四	一二一六	四四	一〇月ごろ、石水院をつくる〇一〇月五日、『自行三時礼功徳義』を著わす	
同 五	一二一七	四五	九月、紀州にくだる	
同 六	一二一八	四六	八月一一日、栂尾より賀茂にうつる〇一〇月一八日、督三位局邸において加持す	

承久元	一二一九	四七	一〇月一一日、高山寺の金堂に入仏〇一一月一日、鐘楼の鐘をうちはじむ〇同一一日、金堂の長日の供養をはじむ	正月二七日、実朝刺さる
同　二	一二二〇	四八	七月二五日、石水院にて『仏光観略次第』を著わす〇九月三〇日、石水院にて『入解脱門義』を著わす	
同　三	一二二一	四九	九月二一日、『華厳信種義』を賀茂の禅堂院に著わす〇一一月九日、賀茂禅堂院において『秘宝蔵』を著わす〇同月一二日、高山寺本堂の釈迦像等を賀茂別所にうつす	五月一四日、承久乱はじまり、七月に及ぶ
貞応元	一二二二	五〇	四月一九日、『光明真言句義釈』を著わす〇秋賀茂別所に『四十華厳』如法書写をおこなう	
同　二	一二二三	五一	四月八日、高山寺金堂の本仏等を西園寺公経の沙汰として安置す〇七月二〇日、善妙寺（尼寺）供養さる〇秋、栂尾に帰り、賀茂別所の房舎をうつしたつ	三月、道元、入宋す〇この年、高野山金剛三昧院建立さる

元仁 元	一二二四	五二	二月一五日、慶政と書状を往復す○冬、楞伽山にこもる	六月一三日、義時死す
嘉禄 元	一二二五	五三	四月八日、はじめて仏生会をおこなう○六月一五日、高山寺本堂において毎月一五日、晦日の説戒をはじむ○九月四日、神護寺納涼坊の伝法会に学頭をつとむ	五月、道元、如浄に師事す
同 二	一二二六	五四	九月、紀州にくだる○白崎において行法す○一〇月一九日、上覚の示寂にあたり棺に種子真言をかく	
安貞 元	一二二七	五五	三月二四日、慶政のたてし多宝塔を供養す○七月二七日、西園寺公経夫人を出家せしむ○九月一九日、修明門院に授戒す○一〇月一五日、由良西方寺の開堂供養の導師をつとむ	閏三月八日、俊芿寂す○七月六日、専修念仏停止○夏、道元帰国す
同 二	一二二八	五六	七月二〇日、石水院、水難にかかる。禅堂院を移建す○九月ごろ、光明真言法により土沙加持をおこなう○一一月九日、『光明真言土沙勧信記』を著わす○一二月二六日、『光明	

寛喜元	一二二九	五七	真言土沙勧信別記』を著わす 六月二七日、三重塔の文殊像（運慶作）を開眼供養す○一〇月六日、神護寺講堂供養の導師をつとむ	七月一七日、定真、高雄に還住せざることを誓う
同二	一二三〇	五八	正月二七日、前斎宮凞子内親王出家の戒師をつとむ○同月、亡父の追善のため、その遺跡に赴かんとして果さず○閏正月一〇日、高山寺の四至を定むる官牒くだる○二月一五日、この日涅槃会夜の所作をやむ。三月にかけ不食の病はなはだし○八月一五日、この日より説戒をつとむ○一一月一八日、持明院殿にて授戒	
同三	一二三一	五九	四月一七日、施無畏寺本堂供養に下向す○一〇月一日、痔再発し、不食もおこる○同月一〇日覚厳に後事を託す	この春、飢饉、京都餓死多し○中秋、道元の『弁道話』成る
貞永元	一二三二	六〇	正月一〇日、重態○同月一九日、示寂○同月二一日、禅堂院の後に葬る	一〇月二日、『新勅撰和歌集』撰進

年号	西暦	寂後	事項	一般事項
天福 元	一二三三	一	九月八日、高信、施無畏寺に三部華厳経その他を施入す○一〇月三日、喜海、楞伽山中の華宮殿などに板塔婆をたつ	
嘉禎 元	一二三五	三	四月二二日、東経蔵の西面に春日・住吉大明神像を安置す○五月八日、某、この日より『遺訓』をしるし始む○九月六日、長円、この日より『却廃忘記』をしるし始む	
同 二	一二三六	四	九月二二日、覚厳寂す。これよりさき、覚厳の沙汰として十三重宝塔を禅堂院の東南の角にたて、明恵の本尊たりし弥勒像を安置す	一〇月五日、幕府、大和に守護をおき、興福寺衆徒を制圧す
暦仁 元	一二三八	六	六月二日、高信、高山寺閼伽井房において『遺訓』(御詞抄)の奥書をしるす	
寛元 二	一二四四	一三	正月一九日、十三年忌辰の供養、導師喜海	八月二九日、西園寺公経死す
宝治 元	一二四七	一五	五月一〇日、高信、丹州神尾山寺において『解脱門義聴集記』一〇巻、類集の功を終る。この後清書す	四月一四日、幸西寂す○一一月二六日、証空寂す
同 二	一二四八	一六	暮春、高信、禅河院において『明恵上人和歌	五月一八日、安達景盛(覚智)死す

建長 二	一二五〇	一八	集』の跋をしるす 八月二日、定真寂す○一二月二〇日、喜海寂す	
同 五	一二五三	二一	正月一五日、高信、高山寺峯の庵室において『解脱門義聴集記』を談じ終る○三月、高信、後嵯峨院の仰せにより『高山寺縁起』を注進す	四月二八日、日蓮、法華宗を唱う○八月二八日、道元寂す○一一月二五日、建長寺供養
同 七	一二五五	二三	七月八日、高信、仰せ（後嵯峨院か）を蒙り、喜海の行状を本とし、仁和寺隆澄をして漢字に直さしめ、下し賜うところの記を加え『漢文行状』を注進す	六月二日、東福寺供養、円爾、導師となる
正元 元	一二五九	二七	四月、仁真、『高山随聞秘密抄』を書写す。霊典の聞書を光経の類集せしもの	
弘長 二	一二六二	三〇	正月二九日、智眼（湯浅宗業）、星尾寺において大明神講・説戒を勤行す○四月二五日、智眼、星尾寺の寄進状を書す	一一月二八日、親鸞寂す
同 三	一二六三	三一	一一月二八日、高信（七一歳）、神尾山遺教台	一〇月二二日、北条時頼死す

正応　二	一二八九	五四	において『解脱門義聴集記』をかさねて談じ終る 一〇月五日、伏見院、『漢文行状』を書写せらる	八月二三日、一遍（智真）寂す

主要著作目録

『上人所作目録＊』を参考にし、おもなものをあげておく。密教の事相に関するものは、省略した。写本の高山寺に蔵するものは特にしるさない。△印は、今は伝わらぬと思われるもの。

『倶舎論講略式』　一帖　建久三年四月十一日

『随意別願文』　一巻（天福二年写本五島美術館蔵）　建久九年十月八日（鎌倉仏教雑考　高山寺古典籍纂集）

『唯心観行式』　一巻　建久九年十月（鎌倉仏教雑考）

『華厳唯心義』　二巻　建仁元年二月二十一日（日本大蔵経華厳宗章疏下　大日本仏教全書華厳小部集　高山寺典籍文書の研究）

『如心偈釈』　一巻△　建仁元年二月

『善財善知識念誦次第』　一帖　建仁二年九月四日

『華厳入法界頓証毘盧遮那字輪瑜伽念誦次第』　一帖　建仁二年九月一日

『秘密勧進帳』（『成弁勧進帳』）　一巻　元久二年十二月　（『漢文行状』別記）

『温病加持法』　一巻　建永元年五月

『仏眼』　一巻　建永元年六月二十日

『大宝広博楼閣善住秘密陀羅尼念誦次第』　一巻　承元四年九月二十四日

『金師子章光顕鈔』　二巻　承元四年七月五日　（承応二年板本　日本大蔵経華厳宗章疏上　大日本仏教全書華厳小部集）

『於一向専修宗選択集中摧邪輪』　三巻　建暦二年十一月二十三日

『摧邪輪荘厳記』　一巻　建保元年六月二十二日

（元和活字本、寛永三年板本　浄土宗全書　日本大蔵経華厳宗章疏下　日本思想大系鎌倉旧仏教）

『持経講式』　一巻　建保二年十二月七日

『舎利講式』　一巻　建保三年正月二十一日

『如来遺跡講式』　一巻　建保三年正月二十二日

『十六羅漢講式』一巻　建保三年正月二十二日

『涅槃講式』一巻　建保三年正月二十九日

○『舎利講式』以下を『四座講式』という。江戸時代の板本も多く、大正新脩大蔵経八四所収。

『三時三宝礼釈』一冊（金沢文庫蔵鎌倉期写本）　建保三年十一月二十五日（天和元年板本　大日本仏教全書華厳小部集　日本大蔵経華厳宗章疏下）

『自行三時礼功徳義』一巻（金沢文庫蔵鎌倉期写本）　建保四年十月五日（文化九年板本　日本大蔵経華厳宗章疏下）

『仏光観略次第』（『華厳一乗十信位中開廓心境仏々道同仏光観法門』）一巻　承久二年七月二十五日（大日本仏教全書華厳小部集　日本大蔵経華厳宗章疏下　明恵上人資料第三）

『華厳修禅観照入解脱門義』二帖（自筆原本高山寺蔵）　承久二年九月三十日（大日本仏教全書華厳小部集　日本大蔵経華厳宗章疏下　大正新脩大蔵経七二　国訳一切経）

『華厳信種義』一帖（自筆原本高山寺蔵）　承久三年九月二十一日（大日本仏教全書華厳小部集　日本大蔵経華厳宗章疏下　大正新脩大蔵経七二）

『華厳仏光三昧観秘宝蔵』二帖　承久三年十一月九日（大日本仏教全書華厳小部集　日本大蔵経華厳宗章疏下　大正新脩大蔵経七二）

『華厳仏光三昧観冥感伝』　一巻（日本大蔵経華厳宗章疏下）
『善知識講式』　一巻△　貞応元年夏
『光明真言句義釈』　一巻　貞応元年四月十九日（真言宗安心全書下　大正新脩大蔵経六一）
『自誓八斎戒略作法』　一巻（仁和寺蔵）　貞応二年十二月二十一日
『光明真言功能』　一巻△　元仁元年五月
『仏生会講式』　一巻　嘉禄元年四月七日
『盂蘭盆経惣釈』　一帖　嘉禄二年七月六日
『光明真言加持土沙義』　一巻　安貞元年五月十六日　（真言宗安心全書下）
『光明真言土沙勧信記』　二巻（上巻自筆本大東急記念文庫蔵）（真言宗安心全書下　日本大蔵経華厳宗章疏下）　安貞二年十一月九日
『光明真言土沙勧信別記』　一巻（自筆本大東急記念文庫蔵）（真言宗安心全書下　日本大蔵経華厳宗章疏下）　安貞二年十二月二十六日

『八斎戒自誓式』△　寛喜二年

『五秘密仏光合行念誦次第』　一巻

『正法結集伝』△

『楞伽山伝』△　一巻

『金文玉軸集』△

『邪正問答鈔』　一巻（日本大蔵経華厳宗章疏下）

『護身法功能鈔』　一巻（『真聞集』一の護身法の部分と殆ど同じ）（寛文十一年板本　日本大蔵経華厳宗章疏下）

『明恵上人和歌集』　一巻（端欠）　高信編（高信筆原本東洋文庫蔵）（東洋文庫蔵原本複製本、明恵上人要集　小沢トシ子氏校刊本、岩波文庫明恵上人集）

『明恵上人夢之記』（自筆原本高山寺その他蔵）（明恵上人要集、大日本史料五編之七　明恵上人資料第二、岩波文庫明恵上人集）

○要集本は、高山寺蔵の巻子・冊子本の分を収め、大日本史料は更に松浦家・神田喜一郎氏所蔵の分などを補っている。しかし陽明文庫蔵のほか、諸所に分散しているものが多い。

次におもな遺弟の聞書の類をあげておく。

『真聞集』隆弁七帖（仁真写本高山寺蔵）（一―五、本末）（明恵上人資料第三）

『却廃忘記』長円二冊（自筆原本高山寺蔵、大倉精神文化研究所蔵影写本）（『かはせみ』（浜田康三郎氏個人雑誌）、大日本史料五編之七、明恵上人要集、日本思想大系鎌倉旧仏教、明恵上人資料第二）

○文暦二年九月六日よりしるしはじめたもの、凡そ八十条。

『上人之事』禅浄房一冊（原本高山寺蔵、大倉精神文化研究所蔵影写本）（大日本史料五編之七、明恵上人資料第一）

『高山随聞秘密抄』霊典一巻（仁真写本宮内庁書陵部蔵）（明恵上人資料第三）

『明恵上人遺訓抄出』（高山寺蔵写本、大倉精神文化研究所影写本）（大日本史料五編之七、明恵上人資料第三）

○文暦二年五月八日始めてこれを記す、とある。七十一条の遺訓を収む。

『明恵上人遺訓』（『上人御詞抄』）『伝記』付載。

○文暦二年夏の比より始めて人の聞きたもてるを集て記す、とある。凡そ五十一条。最後に、本にいわくとして、嘉禎四年六月二日の高信の奥書がある。

『梅尾説戒日記』長円一冊（高山寺蔵寛文九年写本）（鎌倉仏教雑考（田中久夫校訂）所収明恵上人資料第三）

『光明真言句義釈聴集記』二冊（仁真写本高山寺蔵、御茶の水図書館蔵鎌倉期写本）（明恵上人資料第二）

『解脱門義聴集記』高信十冊（金沢文庫蔵鎌倉期写本）（金沢文庫研究紀要四納富常天氏校訂）

『信種義聞集記』四冊（金沢文庫蔵鎌倉期写本）（残欠）（金沢文庫資料全書仏典二華厳篇木村清孝氏校訂）

『納涼坊談義記』隆詮一冊（原本慶応義塾図書館蔵）

『梅尾御物語』三冊（上中の鎌倉期写本高山寺蔵、大倉精神文化研究所蔵影写本）（大日本仏教全書大日経疏抄他三部明恵上人資料第三）

次の二種は、明恵の口伝を本とし、喜海・高信等の説を集めたものである。

『起信論本疏聴集記』順高十五巻
『起信論別記聴集記』順高二巻
（大日本仏教全書所収）

伝記史料

『定真備忘録』定真一巻（高山寺蔵写本 大倉精神文化研究所蔵影写本）（大日本史料五編之七）

『高山寺縁起』高信一巻（高山寺蔵写本 史料編纂所『高山寺文書』六所収）（明恵上人要集、大日本仏教全書 明恵上人資料第一）

○建長五年三月、高信が後嵯峨院に注進したもの。高山寺建設の事情や堂塔の模様は、本書により知られる。

伝記

『高山寺明恵上人行状』喜海二冊（写本施無畏寺蔵）（中欠）（史籍雑纂、明恵上人要集、明恵上人資料第一 大日本史料には『行状記』と題す）

『(漢文)高山寺明恵上人行状』高信編三巻（古写本和歌山県有田市上山家蔵 高山寺蔵写本）（明恵上人要集 明恵上人資料第一）

『明恵上人伝記』喜海二巻（寛文五年板本、国文東方仏教叢書 明恵上人要集、岩波文庫明恵上人集 講談社文庫平泉洸氏訳注本）

○これまでに拝見した写本をあげておく。

慶応義塾図書館本（貞治三年奥書あり。上巻のみ）

高野山親王院本（史料編纂所写本による。文明十五年写）

法隆寺本（史料編纂所影写本による。文明ごろの写か）

御茶の水図書館本（旧成簣堂本。天文六年写）

高山寺本（慶長十四年写。大倉精神文化研究所影写本）

穂久邇文庫本（後欠。文中元年具注暦裏。日本古典文学影印叢刊一七）

史料集

『明恵上人要集』 奥田正造氏編 昭和六―八

○『伝記』『行状』『漢文行状』『和歌集』『縁起』『却廃忘記』『夢之記』の七種を収む。

『大日本史料』五編之七 史料編纂所編 昭和五

○示寂の条に四五〇ページにわたり、関係史料をおさむ。

明恵消息等目録（消息のほかに置文などを含めた。まず所在と日付をしるし、次に①巻頭の句、②差出書、③充名である。）

（一）神護寺文書八（自筆） 九月十九日（元久二年）（本文七六ページ参照）

(1)仰之旨委承候了 (2)成弁上 (3)進上（上覚）

（二）神護寺文書七（自筆） 即時（神護寺の分は、『史林』三五巻所収同寺文書参照）

(1)二月一日御札 (2)高弁

（三）神護寺文書七（自筆） 九月九日

(1)畏以言上 (2)高弁 (3)上光御房

（四）神護寺文書五（自筆）（後欠）

(1)仮染に立出候之間

（五）神護寺文書八（自筆） 嘉祿元年九月四日（告文）

(1)神護寺被始行納涼坊伝法会事 (2)高弁

(六) 高山寺文書三（自筆） （後欠） 〔本文一一二ページ参照〕

(1)かしこまりてうけたまはり候ぬ

(七) 高山寺文書六（自筆） （後欠） 〔本文一七四ページ参照〕

(2)畏以承候了

(八) 陽明文庫蔵（自筆） 二月六日〔『陽明世伝』『高僧遺墨』第一巻図版所収〕

(1)八幡御正体 (2)高弁上 (3)上蓮御房

(九) 建仁寺文書（自筆）

(1)おぼしめし候ぬべく候に (2)高弁上 (3)上光御房御報

(一〇) 出光美術館蔵（自筆） 〔二〇一ページ挿絵参照〕

(1)かしこまりてうけ給はり候ぬ

(一一) 七条憲三氏旧蔵（自筆） （前欠） 〔伊東卓治氏の御示教による〕

(1)はるころにて候へば (2)高□ (3)真覚御房の御返事

(一二) 酒井宇吉氏所蔵（自筆） 十二月十九日〔是沢恭三氏の御示教による〕

(1)一切経無雨風難　(2)高弁(花押)　(3)中納言阿闍梨御房

(一三)　高山寺文書三(写)　寛喜三年十一月九日

(1)　金字三尊一鋪　(2)比丘高弁上　(3)西蓮御房

(一四)　高山寺文書五(写)　寛喜三年十月十日(端欠)〔本文一七七ページ参照〕

(1)随分可令扶持給　(2)高弁在判　(3)上野法眼御房(覚厳)

(一五)　高山寺文書七(写)(後欠)

(1)先日申候御舎利事

(一六)　高山寺文書一(写)　寛喜四年正月十一日(置文)〔村上氏著書付録所載〕

(1)奉譲与各々御中　高山寺々主人師等職事　(2)沙門高弁

(一七)　高山寺文書一(写)(置文草案)〔(一七)(一八)は『高山寺遺文抄』所載〕

(1)久住者五人子細事

(一八)　高山寺文書五(写)(置文草案)

(1)当寺住僧中

（一九）『漢文行状』別記・施無畏寺文書明恵上人状之写（写）　十一月二十四日

(1)今夕既に渡辺に付て候也　(2)成弁　(3)宰相阿闍梨御房

（二〇）施無畏寺文書　明恵上人状之写（写）

(1)物狂しきやうにて　(3)井上殿御返事

（二一）施無畏寺文書　明恵上人状之写（写）

(1)折紙は何レモ労委除候ぬ

（二二）金沢文庫本　三時礼功徳義付録（写）〔（二二）（二三）は『金沢文庫研究』五六所載〕

(1)三宝ノ釈二巻ノ中ニ

（二三）金沢文庫本　三時礼功徳義付録（写）　七月十九日

(1)　三宝二枚依仰敬以書進之　(3)進上人々御中

（二四）細見亮市氏所蔵（自筆）〔『高僧遺墨』第一巻図版所収〕

(1)ありありて　(2)高　弁　(3)井上尼の御返事

（二五）松永記念館所蔵（自筆）〔松永記念館図録一四図版所収〕

（1）二体くやうし　（2）高弁上　（3）上光御房御報

（二六）　根津美術館所蔵（自筆）

（1）六月よりの御そらう　（2）御返事申させ給へ

（二七）　呉文炳氏所蔵（自筆）（後欠）

（1）すき候としころ

（二八）　昭和四七年三都古典連合会十周年記念大入札会目録所収（自筆）（後欠）

（1）おりかみはいつれも

（二九）　昭和四六年東京古典会入札目録所収（自筆）八月三日〔昭和四七年弘文荘即売会出陳〕

（1）丁寧事　（2）高弁上　（3）進上証月御房

（三〇）　京都国立博物館所蔵『藻塩草』所収（自筆）（前欠）四月廿三日〔木下政雄編『手鑑』至文堂刊『日本の美術』八五図版所収〕

（1）故令言上候也　（2）高弁上　（3）進上証月御房

（三一）　五島美術館奈良―桃山手紙の名品特別展（昭和三九年）出陳（自筆）十月廿六日〔五島美術館図

録二八〕所収

(1)九月修五巳　(2)高弁　(3)義林房

〔三〕昭和五三年東京古典会入札目録所収（自筆）（後欠）

(1)十五日より　(2)高弁上　(3)上光御房

諸同行年齢一覧

（明恵に随った同行のうち、その年齢が聖教の奥書及び『高山寺代々記』（寛永二十年写、村上氏著書付録）に見えるものについて、逆算して、明恵示寂の貞永元年における年齢を、年長者より順に示したものである。）

定真（空達房）五九（例えば高山寺蔵『五秘密次第』奥書）
信慶（円道房）五六（『高山寺代々記』）
喜海（義林房）五五（静嘉堂文庫蔵『華厳経疏』識語）
性実（法智房）五五（『高山寺代々記』）
霊典（義淵房）五二（『高山寺代々記』）
空弁（禅浄房）四九（高山寺蔵『梵網経記』奥書）
高信（順性房）四〇（金沢文庫蔵『解脱門義聴集記』奥書）
証定　三九（高山寺蔵『四十華厳経』三十七奥書）
長真　三八（高山寺蔵『常修仏光観略次第』奥書）

円　弁（了達房）三〇（高山寺蔵『文殊菩薩念誦次第』奥書）

浄　弁　　　　二一（金剛蔵聖教目録四『起信論疏筆削記』二奥書）

順　高　　　　一五（金剛蔵聖教目録四『起信論疏筆削記』五奥書）

仁　真（玄密房）一五（高山寺蔵『如法尊勝法次第』一〇奥書）

参考文献

(一) 専ら明恵に関する単行本

藤田義亮『明恵上人』（仏教伝説叢書六）　大正四年　西村護法館
村上素道『栂尾山高山寺 明恵上人』　昭和四年　高山寺
中野達慧『明恵上人と其師資』（『密教研究』四二・四三にも収む）　昭和六年　高山寺
浜田康三郎『栂尾明恵上人』　昭和六年　高山寺
富士川游『明恵上人』（新選妙好人伝第三編）　昭和一一年　厚徳書院
顯原退蔵『明恵上人』（日本叢書五四）　昭和二一年　生活社

○村上・中野両氏の著書は、史料に即して詳しくのべられたもので、本書の本文では「村上氏」「中野氏」と略称して引用した。

(二) 明恵に関係の著書

島地　大等『日本仏教教学史』　昭和　八年　明治書院
大屋　徳城『寧楽仏教史論』　昭和一二年　東方文献刊行会
圭室　諦成『日本仏教論』　昭和一四年　三笠書房
辻　善之助『日本仏教史中世篇之二』　昭和二二年　岩波書店
田中　海応『光明真言集成』　昭和三三年　徳蔵寺

㈢ 論文

和田　竜造「明恵上人の華厳教」　明治三九・四〇年　無尽灯一一ノ一二、一二ノ七・一一
大屋　徳城「鎌倉時代の二大思想家」　大正五年　無尽灯二一ノ七・八
辻　善之助「明恵上人」　大正一〇年歴史と地理七ノ五（『人物論叢』『日本文化史』別録二所収）
橋川　正「明恵上人歌集評釈」　大正一三年『日本仏教文化史の研究』所収
石井　教道「厳密の始祖高弁」　昭和　三年　大正大学々報三
大屋　徳城「『禅宗綱目』の出現と其思想上の背景」―中世に於ける華厳と禅の関係、特に高弁の思想に就いて―　昭和三年『日本仏教史の研究』三所収
浜田康三郎「皇室と明恵上人」　昭和一二年　紀州文化研究一・二

森　　暢「明恵上人の画像について」　昭和一九年　八　雲　三

赤松　俊秀「歌人としての明恵上人」　昭和一九年　史迹と美術一五ノ一〇

久保田　収「明　恵　の　信　仰」　昭和二七年　芸　林　三　ノ　五

角田　春雄「明　恵　上　人　の　禅」　昭和二九年　印度学仏教学研究三ノ一

坂本　幸男「明　　恵」　昭和三〇年『現代仏教講座』五所収

景山　春樹「高山寺の明恵上人遺蹟」　昭和三一年　仏教芸術二八

景山　春樹「明恵上人の遺蹟を尋ねる」　昭和三二年　仏教芸術三二

平岡　定海「明恵上人の弥勒信仰について」　昭和三三年　日本仏教史四

田中　久夫「『却廃忘記』にあらわれた明恵上人」　昭和三四年　日　本　仏　教　六

田中　久夫「『明恵上人遺訓』について」　昭和三五年　歴史地理八九ノ三

(四)　追　　補(1)　(昭和四六年三月)

白洲　正子『栂尾高山寺　明　恵　上　人』　昭和四二年　講　談　社

山田　昭全「明恵上人作『光明真言土沙勧信記』について」　昭和三六年　か　が　み　六

田中　久夫「明恵上人筆『華厳経合論』について」　昭和三七年　か　が　み　七

納富　常天「金沢文庫資料における明恵の教学」　昭和三九年　金沢文庫研究一〇二
田中　久夫「持戒清浄印明について」　昭和四一年　金沢文庫研究一一九—一二一
上原　信矣「明恵の善導解釈」　昭和四一年　日本仏教二二
石田　尚豊「明恵上人と白」　昭和四一年　日本仏教二四
岡村　圭真「明恵上人とその周辺」
昭和四四年『鎌倉仏教形成の問題点』（日本仏教学会編）所収
小林　芳規「明恵上人語録 高山寺蔵『却廃忘記』鎌倉時代写本の用語」
昭和四五年　国文学解釈と鑑賞三五ノ四
田中　久夫「明恵上人の置文」　昭和四五年　歴史地理九二ノ一
板垣　正夫「明　恵　周　辺」　昭和四五—四六年　心二三ノ一二・二四ノ三
山田　昭全「明恵の夢と『夢之記』について」　昭和四六年　金沢文庫研究一七七

㈤　追　補（2）（昭和四九年一〇月）

高山寺典籍文書綜合調査団編『明恵上人資料』第一（高山寺資料叢書第一冊）　昭和四六年　東京大学出版会
○施無畏寺本「行状」、興福寺本「伝記」を始めとして「行状」「伝記」の諸本を中心に伝記史料を収録。

鎌田茂雄・田中久夫校注『鎌倉旧仏教』（日本思想大系一五）　昭和四六年　岩波書店

○「摧邪輪」「却廃忘記」を収録。

高山寺典籍文書綜合調査団編『高山寺経蔵典籍文書目録』第一（高山寺資料叢書第三冊）　昭和四八年　東京大学出版会

白洲正子『明恵上人』（新潮選書）　昭和四九年　新潮社

石田尚豊「明恵上人をめぐる華厳変相図」　昭和四〇年　国華八七九

堀池春峰「明恵上人『夢の記』について」　昭和四二年『奈良文化論叢』所収

吉原シケコ「明恵上人の和歌」　昭和四七年　仏教文学研究一一

山田昭全「明恵の和歌と仏教」　昭和四八年　国語と国文学五九〇

小沢サト子「明恵上人歌集の構成と成立について」　昭和四九年　国語と国文学六〇七

㈥　追　補（3）（昭和六三年六月）

高山寺典籍文書綜合調査団編『明恵上人資料』第二（高山寺資料叢書第七冊）　昭和五三年　東京大学出版会

○「明恵上人夢記」（高山寺蔵）「却廃忘記」「光言句義釈聴集記」その他を収録。

高山寺典籍文書綜合調査団編『明恵上人資料』第三（高山寺資料叢書第一六冊）　昭和六二年　東京大学出版会

○「真聞集」「梅尾御物語」「高山随聞秘密抄」「仏光観聞書」「仏光観広次第」「同略次第」「梅尾説戒日記」「明恵上人遺訓抄出」を収録。

高山寺典籍文書綜合調査団編『高山寺古典籍纂集』(高山寺資料叢書第一七冊) 昭和六三年 東京大学出版会

○「釈迦如来大願文(随意別願文)」「諸尊法」を収録。

高山寺典籍文書綜合調査団編『高山寺経蔵典籍文書目録』第二・第三・第四・索引(高山寺資料叢書第五・八・一〇・一一冊) 昭和五〇・五四・五六・五七年 東京大学出版会

高山寺典籍文書綜合調査団編『高山寺典籍文書の研究』(高山寺資料叢書別巻) 昭和五五年 東京大学出版会

○調査団員の論文二七編(奥田勲論文では夢記第十篇の錯簡が明らかにされ、小泉春明論文では仏光三昧観と光明真言との関係について論ぜられている)と、翻字篇一三編(「華厳唯心義」「五秘密」「夢記」補遺など)を収録。

高山寺典籍文書綜合調査団編『高山寺経蔵古目録』(高山寺資料叢書第一四冊) 昭和六〇年 東京大学出版会

石塚晴通編『明恵上人』(墨美二六九) 昭和五二年 墨美社

奥田勲『明恵—遍歴と夢—』 昭和五三年 東京大学出版会

○生涯、高山寺にも詳しいが、特に「夢記」と講義については独創の見解が多く、基本的な文献。

松本保千代『湯浅党と明恵』　昭和五四年　宇治書店（和歌山市）

平泉洸訳注『明恵上人伝記』（講談社学術文庫）　昭和五五年　講談社

久保田淳・山口明穂校注『明恵上人集』（岩波文庫）　昭和五六年　岩波書店

○「歌集」「夢記」「伝記」「遺訓」を収録。

明恵上人と高山寺編集委員会編『明恵上人と高山寺』　昭和五六年　同朋舎出版

○辻善之助「明恵上人」、石井教道「厳密の始祖高弁」ほか一九編の論文を収録。

奥田勲編『栂尾高山寺明恵上人』　昭和五六年　高山寺

○略伝と「神現伝記」（影印・翻字・注）。

京都国立博物館編『高山寺展』　昭和五六年　朝日新聞社

○没後七五〇年を記念する展観の図録。関係資料がかなり網羅されている。

田中久夫『鎌倉仏教雑考』　昭和五七年　思文閣出版

納富常天『金沢文庫資料の研究』　昭和五七年　法蔵館

奈良国立博物館編『講式』　昭和六〇年　奈良国立博物館

○明恵と貞慶との講式に関する展観の図録。

河合隼雄『明恵―夢を生きる―』　昭和六二年　京都松柏社

木村　清孝「明恵における信の思想の一特質」　昭和四九年　金沢文庫研究二三一
築島　裕「明恵上人の称号について」　昭和五〇年　明恵讃仰　六
○『明恵讃仰』は明恵上人讃仰会（事務局＝和歌山県有田郡湯浅町栖原、施無畏寺内）の機関誌。
赤松　俊秀「明恵上人の修行時代」　昭和五〇年　大法輪四二ノ一二
上山　春平「明恵上人の信仰と女性」　昭和五二年　明恵讃仰　八
奥田　勲「明恵上人と督三位局」　昭和五二年　明恵讃仰　八
奥田　勲「明恵上人と六因義覚房の和歌」　昭和五五年　明恵讃仰一一
納富　常天「明恵の『持戒清浄印明』について」　昭和五五年　金沢文庫研究二六二
奥田　勲「明恵上人の遺墨」　昭和五六年　月刊文化財二一一
松本保千代「明恵上人の紀州遺蹟」　昭和五六年　月刊文化財二一一
永島福太郎「明恵上人と茶」　昭和五七年　明恵讃仰一三
坂東　性純「明恵上人と後鳥羽院」　昭和五七年　明恵讃仰一三
金子　肇「明恵上人撰『邪正問答鈔』への疑問」　昭和五七年　明恵讃仰一三
西山　厚「明恵の思想構造」　昭和五七年　仏教史学研究二一四

中野　玄三「明恵上人と鏡弥勒像」　昭和五七年　京都国立博物館学叢四
柏木　弘雄「明恵上人門流における華厳教学の一面」昭和五七年『仏教教理の研究』所収
田中　久夫「明　恵　と　親　鸞」　昭和五八年　日本歴史四二五
納富　常天「高山寺教学の展開」　昭和五八年　印度学仏教学研究三二ノ一
末木文美士「摧　邪　輪　考」　昭和五八年　理　想　六　〇　六
ジラール・フレデリック「明恵上人の『夢の記』」　昭和五九年　思　想　七　二　一
末木文美士「『摧邪論』巻中・下引用出典注記」　昭和五九年　仏教文化一四ノ一七
柴崎　照和「明恵上人における実践観」　昭和五九年　印度学仏教学研究三三ノ一
田中　久夫「大唐天竺里程書について」　昭和六二年　明　恵　讃　仰　一　八
簗　島　　裕「明恵上人と慧友上人」　昭和六二年　明　恵　讃　仰　一　八
ジラール・フレデリック「『阿留辺幾夜宇和』について」　昭和六二年　明　恵　讃　仰　一　八
浅野　祥子「明恵上人と貞慶上人」　昭和六二年　明　恵　讃　仰　一　八
田中　重雄「明恵上人の女性観」　昭和六二年　明　恵　讃　仰　一　八
野村　卓美「明　恵　の　自　署」　昭和六二年　北九州大学国語国文学一

著者略歴

一九一三年生れ
一九三六年東京帝国大学文学部国史学科卒業
千葉大学教授等を歴任
一九九七年没

主要著書

鎌倉旧仏教〈共著〉　鎌倉仏教　鎌倉仏教雑考

人物叢書　新装版

明恵

一九六一年(昭和三十六)二月五日　第一版第一刷発行
一九八八年(昭和六十三)八月一日　新装版第一刷発行
二〇〇七年(平成十九)十月一日　新装版第四刷発行

著者　田中久夫(たなかひさお)
編集者　日本歴史学会
代表者　平野邦雄
発行者　前田求恭
発行所　株式会社吉川弘文館
東京都文京区本郷七丁目二番八号
郵便番号一一三―〇〇三三
電話〇三―三八一三―九一五一〈代表〉
振替口座〇〇一〇〇―五―二四四
http://www.yoshikawa-k.co.jp/
印刷＝株式会社平文社
製本＝ナショナル製本協同組合

『人物叢書』(新装版)刊行のことば

人物叢書は、個人が埋没された歴史書が盛行した時代に、「歴史を動かすものは人間である。個人の伝記が明らかにされないで、歴史の叙述は完全であり得ない」という信念のもとに、専門学者に執筆を依頼し、日本歴史学会が編集し、吉川弘文館が刊行した一大伝記集である。

幸いに読書界の支持を得て、百冊刊行の折には菊池寛賞を授けられる栄誉に浴した。

しかし発行以来すでに四半世紀を経過し、長期品切れ本が増加し、読書界の要望にそい得ない状態にもなったので、この際既刊本の体裁を一新して再編成し、定期的に配本できるような方策をとることにした。既刊本は一八四冊であるが、まだ未刊である重要人物の伝記についても鋭意刊行を進める方針であり、その体裁も新形式をとることとした。

こうして刊行当初の精神に思いを致し、人物叢書を蘇らせようとするのが、今回の企図である。大方のご支援を得ることができれば幸せである。

昭和六十年五月

日本歴史学会
代表者 坂本太郎

〈オンデマンド版〉
明　恵

人物叢書　新装版

2021年（令和3）10月1日　発行

著　者　田中久夫（た なか ひさ お）
編集者　日本歴史学会
代表者　藤田　覚
発行者　吉川道郎
発行所　株式会社　吉川弘文館
〒113-0033　東京都文京区本郷7丁目2番8号
TEL　03-3813-9151〈代表〉
URL　http://www.yoshikawa-k.co.jp/

印刷・製本　大日本印刷株式会社

田中久夫（1913～1997）

ISBN978-4-642-75126-1